ちくま新書

言語学講義

——その起源と未来

加藤重広
Kato Shigehiro

1396

はじめに

シェークスピアや源氏物語について改めて研究することがあるんですか、と真顔で質問してくる方がたまにいる。これに十分に答えるにはまず予備知識を補充したり入れ替えたりしてもらわなければならないから、短時間で簡単に納得してもらえる回答は提示できない。「歌は世に連れ、世は歌に連れ」というように、「学問も世に連れ、世も学問に連れ」という面があって、すべての研究がその研究者の生きている時代の影響を受けるのだ、などと抽象論で概括することはできる。しかし、意図するところはなかなか伝わらないままで、もどかしい思いも残る。

近年は歴史研究の中で、応仁の乱や大化の改新などの新しい解釈が示されて世間の耳目を集めているから、同様に古典作品にも新たな読みや解釈があり、新事実が判明することがあるという説明でやっと理解してくれる方もあるものの、それでもわからないと言われると途方に暮れてしまう。

学問は普遍的な真実を追究するものとは言え、現実の学術の世界は、新しい知見が次々に見いだされ、新たな手法がいくつも開発され、学問としてのコンテンツ自体も日々更新されている。技術開発としての性質が強ければ更新のスピードは速く、変化の範囲や規模も大きくなる。私たちは末端の最終的な消費者として技術革新の恩恵を受けていて、その進歩や変転の早さを日々実感しているから、このことは理解しやすい。

一方で、学問と言っても、テクノロジーとは無縁の領域では、重要なことは変わらないから十年一日ずっと同じことばかり研究していて、変化も更新もほとんどないと思っている人は想像以上に多い。しかし、実態はそれほど牧歌的でもないのである。

†言語学ってなに?

実は言語学もまた同じように、更新の速度や規模は技術系の領域に及ばないにせよ、そのコンテンツはかなり変化してきた。昔言語学を学んだという場合でも、どの先生に教わったか、どの時期に勉強したか、どんな本を読んだかなどで、語られる「言語学」は実にさまざまである。「生成文法」だけをそう呼ぶ人もあれば、歴史言語学や社会言語学をそう思っている人もあり、英語と日本語の違い(日英対照言語学)を言語学だと信じて疑わない人もいる。しかし、言語学はもっと幅広い領域へと拡大してきており、内容も新しい知見がどんどん付け加えられているのである。

実のところ、言語学者でもすべての範囲を把握できないほどに広がってしまっていて、専門が違うと同じ言語学の研究者でも話が通じないほどになっている。高度な研究になればなるほど専門化と細分化が進み、同じ学問領域でも専門とするテーマが違えば、あまり話が通じないという状況は、どの分野でも起きている。

特に言語学は、音声・形態・文法・意味・運用と領域を切り分けて専門性を高めてきたいきさつがあるので、統合性を失わないように意を用いなければ空中分解しかねない、という危惧を覚える。専門性の高い成果を挙げても、その専門領域の外側ではまったく理解されないとすれば双方にとって不幸である。

†全体像と新しい姿

さらには、言語学において普遍的な真実と思われたようなことも、不断の検証にさらされることで、見直しが必要な状況になっていると私は考えている。とは言え、たとえ概略を大ざっぱに述べるだけでも、現在の言語学の全体を語ることはできない。また、専門的で細かい話は予備知識がないとまったく面白くないものである。そこで、この小さな本では、いまの言語学の全体像を俯瞰《ふかん》しながら、興味深いところや重要な分岐点にさしかかっている議論、新しい枠組みと変化しつつあること、古い知識をどう更新すべきか悩ましい問題などを、一見ランダムなやり方で取り上げることで、「言語学の今」を浮かび上がらせてみたいと考えている。

外から眺める言語学は、眺める人によってある一面だけが大きくクローズアップされがちである。現代思想や哲学などから眺めれば言語学は「構造主義」をはじめとした発想や枠組みが、日本語教育に携わる人からすれば「口蓋化《こうがいか》」といった音声現象や「情意フィルター仮説」といった応用言語学の考え方が、言語聴覚士やその国家資格を目指す人にとっては音声習得と喪失の対称性や「錯語《さくご》」といった神経言語学の知見が、それぞれ重要な意味を持つのかもしれない。しかし、言語学全体にはまだまだ興味深い領域やテーマがたくさんある。もちろん、言語学そのものも日々悩みながら進歩している。本書がそのツアーガイドの役割を果たしたいと思う。

言語学講義——その起源と未来【目次】

第2章　言語学をいかに役立てるか　

第 1 章
言語学の現在地

水村美苗著『日本語が亡びるとき』(筑摩書房、2008年初版)

まず言語学を大まかに区分すると、音韻論・形態論・統語論・意味論・語用論などからなる言語学プロパーあるいは内的言語学に対して、周辺言語学あるいは外的言語学と呼ばれる領域は社会言語学・心理言語学・言語地理学・言語工学など「○×言語学」「言語○×学」という領域名になる。

比較言語学は近代言語学の誕生とともに始まった（第3章参照）が、他はかなり遅れて発生した。言語地理学は19世紀からあるものの、現在の社会言語学や心理言語学などは20世紀の後半から急速に発達したもので半世紀程度の歴史しかない。ではなぜ20世紀後半になってそのような広がりが見られたのだろうか。

1 社会言語学と多様性研究

†近代言語学の基本姿勢

「言語」と一口に言っても、微妙な違いはどこにでもある。

「日本語」と言っても、Aさんの日本語とBさんの日本語では違いがあり、同一人物でも30年前のAさんの日本語と現時点のAさんの日本語は異なっている。比較的短い時間でも語彙《ごい》は、使わなくなるものや新たに習得したものが混在している。「確実であること」や「心配がなく大丈夫であること」を意味する「鉄板」は平成になってからテレビに出る芸人を発信源として広まった。

また「非常に眠い」ということを「まじねむみ」のように言うのはここ数年のことで、ネットスラングとして若年層では広く普及している。

習得は心理言語学の重要なテーマである。習得に関して語彙を「受動語彙」と「能動語彙」に分けることがある。能動語彙は実際に使用する語彙で「使用語彙」とも言うが、知っていて使える語彙である。

一方、受動語彙は受け止められる語彙なので、意味や用法を知っている「理解語彙」ということになる。知らないことばに接したとき、意味がわからない状態では理解語彙になっていない。意味がわかり、聞いたり読んだりして意味がわかれば「理解語彙」となるが、新語はたいてい文体の低い俗語であることが多く、使用するのに心理的抵抗が生じやすい。「非常においしい」の意味の「やばい」や「大丈夫」の意味の「鉄板」は、もともとの単語は知られており、意味があらたに増えただけなので理解はしやすい。抵抗や違和感があっても、長く触れていると抵抗や違和感は薄らいでゆくという接触効果（ザイオンス効果）が知られている。

また、子供や孫が使うのを聞いていると親や祖父母の世代にも浸透しやすい。かくして、10年あるいは20年たつと徐々に高年層にも浸透していく（これは、みんながそれだけ年をとることも考慮に入れる必要がある）が、それが使用語彙に転換するかどうかは個人差も大きい。

もちろん定着度などの平均値を求めることはできるが、「日本語」という言語の現実の姿を捉えるとき、どのような平均像を想定すればよいかが問題になる。理論言語学の先駆的な研究者であるチョムスキーは、「完全に均質な共同体における理想的な言語使用者」の言語を研究対象とし、近代言語学の父と言われるソシュールの言う「ラング」は一種の社会制度として設定されている。完全に均質な共同体とはそこに所属する人間が同質であるような集団であるが、現実にそんなものは存在しない。

また、理想的な言語使用者とは、完璧な言語知識を持ち、言語を使う上で間違いをしない人のことだが、これも現実には存在しない。ラングは、社会集団が持つ言語を想定しているもので、これも実体がどこかにあるわけではない。

近代言語学を指して、形式性を高め、言語をものとして扱うことで科学たることを目指したと評することがあるが、実際にはモノとしての言語を直接扱うことはせず、抽象化することで形式処理ができるようにしているに過ぎない。

抽象化した言語とは、いわば理想状態の言語であり、不純なまざりものとしての夾雑物《きょうざつぶつ》を排除して純化してあるので、些末《さまつ》な現象に煩わされず言語の本質を論じるのには適している。些細なことに目が行って本質を見失うのは、もちろん困ったことだが、些細なことのなかにも考慮しなくていいものと、考慮しなければならないものとがある。

理論モデルを立てて全体をより俯瞰《ふかん》的にとらえようとする立場と、現実の細かな差異を丁寧にすくいとり、細部をよりリアルに見ようとする立場が対立することは、経済学でも、社会学でも、歴史学でも、どういった領域でも問題になることである。

†階級による言語格差はあるのか

社会言語学は、一般に「言語の変異におけるパターン」を扱う領域と説明される。そもそも言語には変異があると考え、そのバリエーションを調べるところから始めるが、単に違いが無秩序にあるのではなく、一定の型式や規則性に従っていると見てその点を明らかにすることを目指すと言ってもいいだろう。

社会言語学は1960年代の欧米で始まったが、基盤の確立をした一人はウィリアム・ラバヴだろう。なお、ラバヴはポーランド系だったこともあり、日本では長くラボフと表記することが多かったが、いまではアメリカ式の発音に近づけてラバヴとすることも多いので、ここではそう表記する。

ラバヴの初期の調査で有名なものは、ニューヨークのデパートにおける調査である。アメリカ東部の英語では、くだけた話し方（低い文体）で語中や語尾のｒが脱落することがある。ラバヴはまず１９６２年に、置いてある商品の値段や広告を出す新聞の違いなどをもとに３つのデパートを高級・中流・庶民的と位置づけた。あらかじめ女性用の靴が４階にあることを確かめた上で、Excuse me, where are the women's shoes? と店員に質問し、店員が Fourth floor. と答えたところで、Excuse me? と聞き返し、もう一度 Fourth floor. と言わせることで観察した。

１９８６年にファウラーという社会言語学者が追加調査を行っている。語中と語尾にｒが２回出てくるが、聞き返しているのでｒは最大４回出てくることになる。ｒをすべて発音する割合は高級デパートと中流デパートで大差なく、すべてを発音しない割合は高級デパートでは４割弱だが中流デパートでは半分近かった。庶民的なデパートでは、ｒをすべて発音する店員は15パーセント程度であとはいずれも発音しないケースだった。ここから、ｒを発音しないのがより社会階層の低い人たちの特徴であると考えられ、社会階層と言語特徴に相関性があることがわかったのである。

階級とことばづかいに関係があることは調査がなくても我々がだいたい予測できること

だが、それがデータとして実証されたことが大きい。また、聞き返すと、rを発音しない人もrを発音するケースが多く、これは中流デパートに顕著だったという。

このことは、私たちがいつでも発音や話し方を変えずに一定なのではなく、場面に応じて発音を意識するときには丁寧に発音することを示している。つまり、普段はrを脱落させる人も脱落させないのが理想的で正しいという「規範意識」を持っており、その意識の度合いで発音には個人のなかでもバリエーションが生じるのである。

個人のなかにいくつかの言語の変異があることは、その選択によって分布が変わる可能性を示唆する。低い文体（柄の悪い話し方）を多用している人でも高い文体（上品な話し方）をするように心がけていれば、品格ある話し方に変わっていくということである。

もちろん、品位にはそれに見合う表現や教養ある語彙の習得も必要だから、いろいろと学ぶ必要もあるが、話し方が個人のなかでも変化するのは重要なことだ。

バーナード・ショーの『ピグマリオン』という戯曲に基づく映画『マイ・フェア・レディ』では、言語学者が町娘イライザのコックニー訛《なま》りを矯正して社交界にデビューできることばづかいにするという展開が基軸になっている。この種の矯正は母方言の干渉の除去や新たな習得、心理的機制の調整も含むので容易ではないが、高度で総合的な学習が可能なら見違えるようなことばづかいになることは十分にありうる。

†社会言語学が注目する地域差

もちろん、ことばの変異には地域差も大きい。「方言」といったときに先に思い浮かぶのは、この地域差としての方言だが、厳密には「地域方言」と呼ぶ。社会階層などによる差は「階級方言」あるいは「社会方言」と呼ぶが、これは地域方言以外の変異全般を広く指すので、年齢差や性差や職業など帰属集団による違いを広く含む。

アメリカはイギリスの40倍近い国土面積があるが、イギリスの方が地域方言、社会方言ともに方言差は大きい。地域方言の差は、その地域の歴史が長ければ微妙な差異が広がっていく形で変異を形成することが多いが、それには条件がある。他の言語を話す民族に支配される時間が長くなく、影響を大きく受けないということだ。

イギリスは、11世紀から12世紀にかけてノルマン民族の支配下にあったいわゆるノルマン朝を経験しており、貴族などの階級はフランス語を用いていた時期がある。この時期に中世フランス語から英語に入った借用語は1万語を超えると言われる。しかし、その後は、他民族の支配下に置かれることもなく、海外で植民地経営はしても植民地になることはなく、千年近くにわたって国内で豊富な変異を育てたのである。

アメリカは、イギリスに比べると、歴史が短く、階級差も大きくない。移民は英語を母語としない民族もおり、先住民もいたが、あまり混淆《こんこう》することはなく、全体としてイギリスとは異なるアメリカ英語を発達させた。長い歴史がなくとも、都市ではある種の階級差が言語的に生じることをラバヴの研究は明らかにした。

もちろん社会組織や階級の成り立ちなどは、個々に異なるわけだが、いくつかの条件が揃うと同じような変化を生じることがある。社会言語学が関心を持つのはそういう点だ。

†日本社会と変異

日本の方言研究では、北海道が除外されていることが以前はめずらしくなかった。他の地域は、文献で確認できる時代よりも前から日本語や原日本語の地域方言が使われていたと考えられるのに対して、北海道はすでに中世には部分的に移住が確認されるものの、全域に日本人が居住するようになったのは明治初年以降である。

北海道とそれ以外の地域では歴史の長さに10倍以上の違いがあって、方言研究が本格化した明治中期には、北海道に固有の方言があるとは見られていなかったので、調査対象にならなかったのだ。この状況は戦後になっても続いたため、北海道についてはデータがないか、他県では何カ所もある調査地点がごく少ないという状況だった。

北海道の江戸時代までの自然移住は、水産資源を求めて東北を中心にした地域から移住者が海岸部に徐々に住み着いた形だったと考えられている。いまでも北海道の海岸部は、東北方言の色彩が強く残っていることがあるが、これはその名残である。

†士族の移住と移植方言

一方、明治期の移住は、特権を失った士族を中心に、特定の地域からまとまって内陸の特定の地域に開拓民として入植するのが大多数だった。家督を継げる長男は残り、長男以外が家族を連れて移住するケースが多く、いわゆる団体移住だった。いまでも、十津川《とつかわ》（奈良）や広島、福井など出身地の地名が北海道内に数多く残っている。記録によると、東北や北陸からの移住者数が多いが、ほぼ全都府県から移住が行われたようである。

移住によって新たに生じた村落は、みな出身地が同じなのでふるさとの方言が持ち込まれる。これを「移植方言」という。富山出身者あるいは徳島出身者だけの村落ならそれぞれ富山方言・徳島方言で話すのが最もわかりやすく効率的だ。

しかし、移住から時間が経って開拓が進むと、いくつかの共同体をまとめて新しい村や町がつくられ、役所や学校では他地域出身者と一緒になる。そこではいわゆる「方言接触」が生じる。各地の方言話者が入り交じり、近畿方言あるいは東北方言といっても、内部差が大きいから、数種類程度ではなく、入植団の共同体の数だけ変異があると言ってもいいほどである。

†言語変種と標準語

一般にさまざまな言語の変異があるとき、個々の言語や方言をことばのバラエティの1つという意味で「言語変種」と呼ぶ。富山西部の「呉西方言」が1つの言語変種なら、奈良南部の「十津川方言」も1つの言語変種であり、東京方言も1つの言語変種である。

さまざまな言語変種が混在している状況では威信のある変種を使うように自然と圧力がかかる。明治期の北海道では、各地の方言が混在する状況から意思疎通のために標準語化の圧力がかかったと考えることができる。

明治後半になれば「標準語」という考え方が出てきて学校教育の中に徐々に取り込まれ始める。ただし、全体の人口比では東北方言を使う人が多いから、「手袋をはく」だの「ごみをなげる」だの「しばれる」だの東北方言に起源がある語彙が混じり込んでいる。移民の第一世代は成人してから入植しているが、子供の世代は幼い時期に入植した層が中心だったろう。孫世代は北海道内で生まれているが、一緒に暮らしていたこともあってか祖父母のことばを比較的継承している。

しかし、第四世代となるひ孫以降になると、方言混合と標準語化によって北海道方言が平準化した時期でもあり、あまり先祖のことばを継承していない（入植者の方言継承については小野米一氏の実証的な研究がある）。いまの人口の大半を占める戦後生まれはおおむね第五世代以降だから、先祖の出身地は知っていても、その土地の方言は知らないのが普通である。

結果的に、東北方言を主とする語彙（「わや」など少数だが近畿をはじめとする西日本方言も残っている）や音声の影響を受けながら全体的に標準語化が進んだ北海道方言の原型ができたのである。150年ほどで方言形成が生じたという意味で、北海道は方言の実験室というありがたくない呼称で呼ばれることもある。

アメリカも独立戦争まではイギリスの植民地だが、移民はイギリス以外のヨーロッパからも入っていった。方言差ではなく、言語差のある変異なのだが、印欧語族の諸言語であり、ギリシア・ローマの古典を教養とする基本的な方向性は共有しているので、まったく無関係な言語が混在している状況とは異なる。数の多さと威信から英語という標準語への圧力がかかり、比較的短期間で独自の言語変種を完成させたと見れば、北海道の状況にも似ている。言語や方言が混合した状態では威信変種に収束しようとする力が作用する現象がさまざまな地域で確認されれば、社会言語学的には重要なデータになる。

興味深いのは、移民当初からドイツ語を用い、英語との言語接触を抑えながら、いまでもドイツ語の変種を用いるような共同体がアメリカ国内にあることだ。当初の移民の言語が異なっていても、次の世代はバイリンガルになり、それ以降は英語が母語になるのが通常の適応変化である以上、移民時に持ち込んだ言語を世代を超えて保持するには学校や職場など共同体の支援とまとまりが必要であろう。このような言語共同体は日本にはなかなかなく、アメリカらしいところだと思う。

†時代とともに変わるもの

既に録音技術が確立して100年以上経っているので、音源として明治期の日本語の音声も残っており、聞くことができる。落語などなら戦前の音源もあって80年以上前のものを聞くことができる時代である。

もちろん、当時と今とでは、使う語彙が違い、アクセントなども異なるのだが、それを除けばそれほど違和感なく聞いて理解することができる。歴史的には、激動の100年あるいは150年だが、日本語はおおむねマイナーチェンジを続けていると見ることができる。しかし、それはわれわれが後世の人間だからで、当時の人がいまの日本語を聞いても知らない語彙が頻出してわからないかもしれない。

例えば、戦前、1930年代の落語家は「一つ馬鹿馬鹿しいお噂《うわさ》を申し上げます」などという口上から噺《はなし》を始めるが、このとき「……お噂をお話しさせていただきます」などとは言わない。

「……させていただきます」が謙虚さを示す表現として広まったのは戦後だからだ。また、1970年前後までのニュースなどでは「です」の代わりに「であります」が比較的よく使われていた。「であります」は当時から既に戦中の軍隊の言い方と感じる人が多かったようだが、徐々に頻度は低下してきた。近年は、「してあります」の謙譲形として「してございます」が、主に役所を中心に使われるようになっている。この種の変化は比較的短期間で生じるが、日本語の文法規則や音韻規則を逸脱するものではなく、既存のものの運用のしかたが変わるだけなので、意味がまったくわからないということはない。

江戸時代までは、大小300程度の藩に分かれており、許可がなければ外に出られないから、藩という言語共同体の中で個々の方言は変化し、濃縮され、独自性を強めていった。日本にいくつ方言があるのかという質問をする人がいる。方言を数える基準が言語学にはないので、どれだけ細かく分けるか大雑把に分けるかで答えは変わってくるものの、藩の数を目安に300とする考え方はある。

もちろん、実際に数えたわけではなく、藩の内部では（階級差はあるものの）ことばは比較的均質なのに対し、他藩との違いが大きいことを踏まえて概念的に推定したに過ぎない。「訛りは国の手形」などと言うが、このときの国は藩にほぼ相当する。それだけ方言共同体が藩とおおむね重なっていたということである。

†江戸は「方言の島」だった

江戸弁の基礎が完成したのは、江戸中期以降、だいたい18世紀半ば以降だとされる。17世紀までは江戸においても上方ことばの威信が高かったが、18世紀に入ると江戸ことばと上方ことばが肩を並べるようになり、18世紀半ば、徳川吉宗による享保の改革のあとくらいの時期には、江戸のことばの威信のほうが高くなったのである。

なお、いま上方というと、その後の大阪の発展もあり、上方落語の人気もあって、大阪をイメージしやすいかもしれないが、上方弁というのはおおむね京都方言を中心としたものである。江戸初期は、西日本から流入した武士や商人が江戸における支配者階層となったので、湿地の多い寒村だった江戸のことばを使う人たちは被支配者階層だった。単純に、上方を中心とする西日本方言と関東の地元の東日本方言と二分するなら、その2つがちょうど上の層と下の層のようになっていた。

社会言語学では、上位言語と下位言語の2言語混在状態を「ダイグロシア」(diglossia。ギリシア語で2を表すdi-とことばを表すglossの合成による)という。江戸の庶民も読み書きはある程度できたが、武士は幼少時から漢文を学ぶので、漢籍の知識が武士階級と庶民階級の違いと言ってもいい状況だった。武士は出世のためにも、漢籍とりわけ論語の知識が必要だった。いまの行政文書にあたる公的な記録なども漢文（日本式に変容しているところがあるので変体漢文などという）で記された。もちろん、これはあくまで文字言語であって話しことばではないが、漢籍の知識があれば漢語が話しことばに混入してくることはありうる。

音声的には江戸の地元の発音をベースに上方の要素が融合し、語彙も上方のものが取り込まれ、敬語表現も発達して、江戸弁の基礎ができたわけだが、江戸弁はその分だけ関東方言らしさを失ってしまった。

江戸弁の後継である、いまの東京方言にもその名残があるが、江戸弁は一種の「方言島」だったのである。まるでまわりを海に囲まれた島のように、特定の範囲だけが周囲と違う特徴を持つ言語や方言を「言語島」「方言島」という。「島」はあくまで比喩である。方言島は、地形的に周囲との往来が大変なところでも生じるが、江戸弁は自然的要因ではなく、社会的要因によって方言島になったのである。

上位言語と下位言語は当初関東方言と上方方言としての対立が強かったが、徐々に、武家ことばと町人ことばのような階層的対立へと変容していった。明治になると山の手と下町の対立のように説明されることがあるが、このときの山の手は武家屋敷の多い台地のことである。

†標準語とは何か

標準語を定める際にも、上田萬年や大槻文彦《かずとし》は「東京ことばといってもいわゆるベランメーことばではない」とわざわざ釘を刺して、教養ある東京人のことばが基盤だとしているが、要するに漢籍などの教養のある東京人のことばのことだ。これを山の手ことばと記述したものもあるが、その後山の手地域が拡大し、下町地域も拡大してしまった。

20世紀の半ばくらいまでは山の手ことばと下町ことばはかなり違っていたが、平成に入る頃には違いがわからないくらいになった。これに合わせて、東京ことばもひろく首都圏に拡大したので、「首都圏語」と言うべきだ、という考えがあるほどである。

そもそも江戸時代の江戸弁の範囲は、いわゆる「墨引き内」と言われる江戸における警察権の及ぶ範囲か、「朱引き内」と言われる消防権の範囲であり、いまの23区の4分の1程度しかなかった。「本郷もかねやすまでは江戸のうち」とは言うが、これは享保年間の大火の際の建築制限による景観の違いを詠んだ川柳で、文政年間の墨引きは駒込のあたりまで、朱引きは王子のあたりまでを含む。

明治になってからのこの江戸の範囲のことばを「東京弁」、その後の旧東京府（いまの23区に相当）の戦前までのことばを「東京語」、島嶼《とうしょ》部を除く東京都内のことばを「東京方言」、神奈川・埼玉・千葉へと拡張した連続的な「首都圏語」のように設定して区別することがある。

†関西弁から首都圏語へ

いまの首都圏語にも実は関西弁が取り込まれ、周辺の関東方言も取り込まれている。空調の利いた建物から外に出て「暑っ」「寒っ」という人は高年層まで拡大しているが、これは本来、関西を中心とする西日本方言である。

これは形容詞の語幹だけの独立用法で「暑い」の「い」が脱落するのでイ落ち用法などとも言うが、その場でそのときに自分が直接経験したときにしか使えない。自分の知識を語るときには「1月の札幌は寒い」のように言い、ここで「寒っ」とは言えない。イが落ちない「寒い」といった形容詞形とイ落ちの形容詞語幹を使い分けているわけであるが、これは関西出身の芸人たちの影響で1990年頃から全国的に広まっていった。

「しんどい」も、最近の言い方では「しゅっとした」なども関西方言からの流入だが、特に意識せずに使われている。

また、多摩から甲州にかけて使われていた「えぐい」や、北関東から南東北で生じたとも言われる「違くて」「違くない？」のような言い方など、東京の周辺から首都圏語に入る表現もあり、変化は続いている（「違う」は意味的には状態を表すので形容詞に近いが、形態論上はまぎれもない動詞である）。

昔と違うのは、インターネット・SNSを含むメディアの多様化で、変化が日本全体に瞬時に伝わることである。このため、東京方言は脱方言島化していることになる。

†方言調査、今昔

社会言語学や方言学では、このような言語変化の局面の実態を知るため、現地調査をおこなってきた。日本国内では標準語が通じない地域はないため、複雑で細かい現象について質問するのでなければ標準語で調査ができる。

かつては、大学や国立国語研究所などから調査者が赴けば可能な限り協力してくれる方が多かったが、今では以前に比べあまり協力が得られなくなっている。例えば、1980年前後に東京の文京区や北海道札幌市のある一帯で行った言語調査では、事前に連絡をせずに飛び込みで調査に行っても「東京大学から来ました」「国語研究所から来ました」と言えば、協力してくれる方がいたそうであるが、今世紀になってからの調査では、飛び込みでの調査はもちろん、事前に連絡してお願いしても、その段階で断られることが多く、同規模の調査を断念しているという。

これは、短大も含む大学進学率が3割台だった1970年代と6割に近づいている2010年代では、高等教育機関のありがたみや威信が低下したということもあろうが、特殊詐欺が横行したり、共同体の凝集性が薄れたりした上に、個人情報を提供しないという意識が高まっているからだろう。いまでは研究倫理に基づいてデータから個人が特定されないように最大限の配慮をしているが、それでも協力が得られないことが多くなっているのである。

もちろん、細かなデータを時間をかけて集めるような場合や、そもそも話し手が少ない方言の場合には、適当な話し手（＝協力者）を紹介してもらって調査者と協力者のあいだで個人的な信頼を築いてから本格的な調査に入る。よい協力者にめぐりあうまでは大変だが、一旦見つけてしまえば、継続的に調査ができる。しかし、ある程度のまとまった人数を対象に調査をしたいときには十分な数を確保できなくて困ることになってしまう。

この種の言語調査を行う際、日本では、大学名の入った記念品や粗品程度は渡しても謝礼を出すことはしていなかった。しかし、近年海外の研究者が調査を行う際に、時給にあたる謝礼を払うケースが出てきている。当然のことながら、現金をくれる研究者に人が流れたり、これまで通り協力はしてくれても「何ももらえないのか」と言われたりすることが出来しているという。

学術調査は営利事業ではないので、いままで無償で協力してもらってきたわけだが、一部ではその維持が難しくなっているわけである。対面式の調査は、現地に赴いて行うのが通常で、時間や手間もかかるが、それだけデータの信憑性は高い。

現代では、インターネットで調査者を募ったり情報を集めたりする手法も用いられているが、「X方言の話し手（X地域に高校卒業、または中学卒業まで居住していた人）」をインターネットで募集することは可能である。もちろん、信義の上に調査は行われているわけだが、応募者が本当にX方言の話者かどうかは確認しがたい。

なにかのポイントや金銭で対価を支払って回答者を集める会社に依頼する場合もあるが、面白半分で適当に回答する人やそもそも条件を満たしていない人が混入している可能性を排除できない。それは標準偏差をとって逸脱の大きいデータを除外していく方法で多少は対応はできるが、その分の手間が増えてしまう。インターネットが普及して便利になっているようで、アナログ式の調査は実施しにくい時代になっているのである。

2　社会言語学と差別の問題

†新しい方言研究と社会言語学

社会言語学は共同体の中におけることばの変異の秩序や法則性を扱うが、これは差別につながる危険性と隣り合わせである。

日本では、方言学の伝統が強く反映するので、性別と年齢層と居住歴にせいぜい職業や職歴を尋ねてことばの変異のファクターにする程度であるが、1980年代にアメリカのフィラデルフィアで行われた「言語変化と変異」プロジェクトでは、さらに学歴・社会階級・住宅価格・住宅維持費・居住地域・何世代目の何系アメリカ人かなどに加えて、社会階級も調査項目に入れている。住宅価格や維持費があるのは、年収のように変動幅が大きいものよりも、あまり変動しない数値のほうが階級要因として信頼できるからだろう。

ラバヴの別の調査では、ニューヨークに住む人を「下層階級」2段階、「労働者階級」3段階、「中下層階級」4段階、「上流階級」1段階の10段階の社会経済階級に分けて、rの出現率について記述している。同じようなことは日本では調査しないし、個人情報についての意識が高まり、研究倫理も尊重すべき時代に、こういった調査はできない。ことばの調査のために、住宅価格を聞いたら協力は得られないかもしれないし、調査協力者の住んでいる地域を一等地だの高級住宅地だのとランクづけするようなことは日本ではまずできない。

興味深いのはラバヴの調査では、社会階級と発音に高い相関性が見られることであった。しかし、日本では地域差が大きく、社会階級を設定できたとしても、それほど高い相関性は見られないだろうと思う。

また、性別も単純に男女に二分すればいい時代ではなくなっている。LGBTは既に普及した知識になりつつあるが、生物学的な性（セックス）のほかに、社会的な性（ジェンダー）があり、それに自己の性的意識や性的嗜好などで区分すると2桁のカテゴリーができる。しかし、それをことばの調査でどこまで聞けるかという問題がある。

生物学的には男性で社会的には女性である人のほうがいずれも女性である人よりも、女性的な話し方や女ことばを多用する傾向があることは、既に多くの人が意識していると思う。このことは、性別に関する自己認識（これはジェンダーよりも広い概念になる）がその人のことばを強く左右することを示している。

となると、やはり、性的なカテゴリーとことばの変異の関係を明らかにしたくはなるが、プライバシーへの配慮などを考えると、大きな規模での量的研究は難しい。量的研究に対して質的研究と言われる手法では、少数（1人の場合もある）の協力者に詳しく調査をおこなう形をとる。これまでは、量的な研究が主流だったが、今後は質的研究にシフトしていく可能性がある。

社会言語学は、アメリカ発の研究手法なので、自然にアメリカにしか適用しにくい方法論になっているところもある。このローカル性をどう扱って、グローバルな研究ができるようにするかが今後の課題だと見ることもできる。そもそも、社会言語学がローカルなことばの実態を明らかにする方向性を持っているのに、グローバルな連携が可能なかたちに進化しなければならないというのは皮肉な話でもある。

†日本における言語生活研究

一方、日本国内にはアメリカで社会言語学が確立する以前から、日常生活の中でことばがどのように使われているかといった視点からの研究があった。「言語生活」研究と呼ばれることもある分野で、1日の中で人と話す時間は何時間か、ラジオを聞く時間はどれくらいか（テレビが普及する1950年代までの研究が多いため）、新聞を何時間くらい読むか、といったことを調べている。

家族と話す時間は方言と接触する時間だが、ラジオを聞く時間は標準語と接触する時間だとして、比較することもあった。この言語生活研究は、方言学の一部であったが、1970年代以降に都市化が進んでからは、あまり行われなくなってしまった。社会言語学に吸収されたという人もいるが、これは日本独自の研究で、社会言語学に対応する研究は見当たらない。

近年は標準語化の影響で各地の方言が消えていくと言われる。実際には、Xという地域のことばがX方言なので、そこに住む人がいる限り、方言は消えることはない。ただ、標準語化が進んで独自性がなくなり、他の地域との違いがあまりない状況に変化することはあるものの、それでもその地域のことばなら方言なのだ。

†東京方言は標準語か共通語か

東京のことばも方言学では東京方言というが、東京方言と他地域の方言の差がなくなり、画一化が進んでいると心配する声も聞く。なお、方言学では長らく「標準語」ではなく「共通語」と呼んできたが、これは、「標準語」がスタンダードで、それ以外は標準から逸脱したことばと見なされ、方言＝非標準とする偏見を助長しないためであった。文部科学省もかつての文部省もずっと「共通語」を使っており、国語という教科の学習指導要領などにも「標準語」ではなく「共通語」が使われている。標準語が威信を持ち、各地の方言を圧迫するのを避けるためである。

そもそも、「標準語」は理想的な状態の言語を仮定した場合の変種（バラエティ）であって、これをそのまま話している人はいない。一方、「共通語」は相互に理解可能であるという機能的定義に従って規定されている。

大阪方言が関西地域で相互に理解可能なことばであれば「関西共通語」ということができる。共通語はこのように相互理解可能な範囲を明示して用いるべきなので、標準語に相当するのは「全国共通語」ということになる。

実態としては、東京方言は全国共通語にほぼそのままなり、標準語との差も小さい。方言学や国語行政で長らく標準語にあたる概念を共通語と言い換えて、差別の助長を抑制してきたことは重要であるが、これは「標準」や「理想」という属性を言語に付すことで生じるランクづけや差別を隠蔽することにもなっていると私は思っている。

†「標準語」としたうえでの「中間言語」

くさいものに蓋をするのではなく、標準語という用語を使い、その意味を明確に説明して、そこに潜む差別の要因も教えるのが教育としては望ましいのではないだろうか。共通語に置き換えれば問題は表面化しないが、それで問題が解決するわけではないのだ。

標準語化が進むということは、伝統的な地域方言と標準語という2つのことばが接触する現象が起きているということでもある。つまり、一種の「言語接触」「方言接触」である。複数の言語が接触すれば、どこかで影響を受け、混じり合うことになる。

その変化を大局的に見ると標準語に近づいているので「標準語化」というわけであるが、2つの言語が混ざり合った状態の言語なので「中間言語」でもある。中間言語という考え方は、応用言語学で、習得しようとする言語（目標言語）と隔たりのある現実の言語状態を指して言うことが多く、外国語として英語を習得しようとする日本人の英語は目標とは隔たりがあり、母語である日本語の干渉も受ける「中間言語」である。

目標言語と中間言語の差が小さくなると、言語習得が進んでいることになる。たとえ母語であっても、すべてを知っているわけではなく、完璧で無誤謬《むごびゅう》の知識を持っているわけではないと考えれば、すべての人が一種の中間言語を使っていると見ることもできる。この場合、中間言語と目標言語の隔たりが大きいか小さいかの違いでしかない、ということができる。

†方言からのリバイバル語彙

真田信治氏（大阪大学名誉教授）は、「ネオ方言」という考え方を提案したが、これは各地の方言が標準語化していく際に生じる中間言語・中間方言である。

例えば、この半世紀で伝統的な近畿アクセントは大きく変容しているが、これは一種のネオ方言だと見ることができる。もともとアクセントの種別は近畿方言のほうが東京方言よりも多いのだが、東京方言と同じように種別を減らす変化が起きている。

ただし、東京方言と同じになるわけではなく、近畿方言の独自性（例えば、1拍目と2拍目の高さが同じになる。これは東京方言にない特徴である）を保持しつつ、種別のあり方だけを東京方言に合わせている。東京方言に合わせることが古めかしさのない変化ではあるが、かといって標準語に同一化したくない、という双方向の心理が働き、中間的なネオ方言を生み出すと考えることができる。

一方で、大きな流れに逆らうローカル化の変化も起こる。井上史雄氏（東京外国語大学名誉教授）は、「新方言」という概念を示したが、これは、方言共同体で新たに発生する方言形態である。

東海地方では自転車を「けった」ということがあるが、これは、主に若年層が方言形であることを意識しながら使い始めたもので新方言の一種だと言われている。新方言は、全国一律の標準語化・画一化という面白みのない変化に対するささやかな抵抗と言えるかもしれない。

北海道方言として知られる「なまら」は「生半可」などの「ナマ」と同じで、本来中途半端であることを表したものが、侮蔑感を帯び、結果として程度強調の意に転じたと考えられている。侮蔑的に強く言う表現だったので、「今日は海がなまらしけている」のように好ましくないことに主に使っており、乱暴なことばと見なされていた。

ところが1980年代前半に札幌市内の男子高校生のあいだで使われはじめ、若年層にあっという間に広がったと言われている。これはもともと海岸部などで使われる北海道の「はまことば」だったので、祖父母などのことばを面白がって高校生が使ってみたのがきっかけかもしれない。それが悪い意味だけでなく、中立的に強調する言い方と認識され、広まったので、いまでは「なまらおいしい」のようにも言う。

これは1980年代前半の高校生以降の世代に広まったが、それより上の（概《おお》ね《む》1960年以前に生まれた）世代では、下品な言い方だとして反発がいまだに根強い。これはリバイバルした語彙であるが、若年層が新しい方言形として使っており、新方言の定義に合致する。

この「なまら」は北海道弁として他地域でも認識され始めている。同様に、首都圏に入って全国的に広まる方言があることも近年の特徴である。

最近若者を中心に「早く行けし」「早くしろし」のように命令形にシをつける言い方が見られる。命令形に着く、このシは、山梨などに古くからあり、東京都内でも多摩方言にはもともとある形で、標準語化に伴って衰退していたものがリバイバルしたものである。本来使わなかった都心部にも流入して使われるようになっており、ローカリズムが逆に取り込まれたと見ることができる。

方言衰退の時期にあっては、この種の方言接触のほうがホットなテーマと言えるかもしれない。もちろん、方言資料については、100年ほど前からの記録やデータがあり、半世紀前からのデータは全国各地に及ぶ広範なものがある。

これらのデータは既に公開されているが、データは素材として使い尽くされたわけではなく、十分に素材として活用されていない面もあるので、新しい方言データが集めにくい時代になって、再活用する動きも見られるようになっている。

3　亡びる言語・亡びない言語

†「言語死」はどうしたら防げるか

絶滅が近いと考えられる言語を「危機言語」と言う（第4章で詳しく扱う）が、このような危機言語に対してできることとして、その言語の全体像をできるだけ詳細に記録しておくことがまず挙げられる。記録ができれば啓蒙活動や一般の人の耳目を集める上では役に立つかもしれないが、滅びのスピードを遅らせるような、直接的な影響はあまり見込めない。

その言語・方言をできるだけ多くの人に学んでもらうための機会を設けたり、言語文化の面白さを発信したりすることはできる。楽しんで学べるように、地域の子供たちに歌や民話を教えたり、その言語を使った演劇を上演したり、その言語を使った番組を放送するラジオ局をつくったり、いろいろな啓蒙活動がなされている。

自分たちの地域の伝統文化や民族文化を大事に思って守り抜こうと考える若い世代が増えてくれれば、滅びのスピードを遅くすることはできる。しかし、言語死とは、母語話者が死に絶えることをもって認定するので、母語としない学習者が増えるだけでは言語死は避けられない。ただ、一定数の学習者がいれば細々とではあっても継承されているので、完全な言語死にはならずに済む。

では、危機言語話者の子孫に「あなたはX語・X方言を話す人々の血を受け継いでいるのだから、X語・X方言を使い続けなさい」と言って、半ば強制的にその言語や方言を使わせたらどうだろう。

もちろん、倫理的な問題があって、現実には強制などできない。同意がなければ、特定の言語を学ばせたり使わせたりできない。教育機関や会社や役所などの組織で英語等の特定の言語を使わせるのは、同意があったものと見なされる。しかも、危機言語は話者数が少なく、使用されている範囲も限られているから、大言語や標準語など汎用性のある言語が使えないなら、不便を強いることにもなる。

†言語を選択する権利と言語復興

どの言語を自分が使うかを選択する権利を「言語権」と呼ぶ。日本にいて日本語を母語にしていれば日本語を使うことは自然で、他の選択肢を考えないから、多くの人は言語権を意識することはない。

しかし、20世紀の前半までは植民地では宗主国の言語が強制されることがあった。また、昨今取り上げられることの多い移民がどの言語を使うかは言語権の問題と関わる。つまり、言語消滅の危機とは言っても、その言語や方言を使うように啓蒙して自発的な使用を促さなければ、言語権の侵害になるのみならず、おそらく消滅の危機を遠ざけることは難しいのである。

このことは危機言語の大半が容易に消滅の危機を解消しがたいことを物語っている。そして、一度滅びた言語をよみがえらせることはほぼ不可能なのである。一度滅びた言語を再度よみがえらせることを「言語復興」という。言語復興は至難の業であるが、それでも、詳細なデータがそろっていれば、復興の作業に取りかかるのは容易である。

不可能とされる言語復興をなしとげたヘブライ語の例を見る限り、もっとも必要なのは情熱であるが、いっときの情熱よりも長期にわたって取り組める強い精神力が不可欠と言うべきだろう。

ヘブライ語を母語としていたユダヤ民族はディアスポラ(世界離散)によって故地を追われ、ヨーロッパや中東などにちりぢりになってしまった。既に紀元前3世紀の時点で話しことばとしてのヘブライ語は衰退し、書きことばとして存在するのみで、ユダヤ人の多くも同系のアラム語を使っていたという。イエス・キリストもアラム語を話していたとも言われるが、正確なところはわからない。

その後のヘブライ語は、書きことばとして『旧約聖書』や『タルムード』などの聖典やラビの口伝集である『ミシュナ』のなかに残っているだけだった。ユダヤ民族は、それぞれの居住地の言語を習得したが、ヘブライ語そのものは使われず、ヘブライ語との混合語を残すに過ぎない。

例えば、中高ドイツ語とヘブライ語の混合と言われるイディッシュ語、スペイン語とヘブライ語の混合と言われるラディーノ語などが知られているが、イディッシュ語にはスラブ系の言語も混じり、これはヘブライ語の名残をとどめているといった程度であって、ここからヘブライ語を復興させるというような言語ではなかった。しかし、2000年以上も話し手が途絶えていたヘブライ語を母語とする人が現在1000万人はいるのである。

†ヘブライ語が復興を遂げた理由

ヘブライ語を復興させたエリエゼル・ベン・イェフダー(Eliezer Ben-Yehuda、1858―1922)は、あまり知られていないのではないかと思う。彼は、リトアニア生まれのユダヤ人で、ヘブライ語を言語復興するために1881年にエルサレムに移住した。

当時のエルサレムはまだオスマントルコの支配下にあり、警察権もあまり及ばず荒涼とした土地だったという。そんなイェフダーの生涯も波瀾万丈で面白いが、紙幅に限りがあるので、興味のある方はR・セント・ジョン『ヘブライ語の父　ベン・イェフダー』(島野信宏訳、ミルトス)を見ていただきたい。

2000年も使う人がいない言語を話しことばとして使うには、現代語としての語彙が不足していたので、ベン・イェフダーは古い文献や資料から語形を探したり、造語したり、苦労して整えていった。つまり、文章語としての聖典はあっても、生活語とする上ではデータが不足していたのである。

さらに、現代ヘブライ語協会を設立し、ヘブライ語の新聞を刊行し、『現代ヘブライ語辞典』を編纂したが、生前の刊行は間に合わず、死後に家族の手で完成した。パレスチナへのユダヤ人の入植は19世紀から始まっており、19世紀のヨーロッパでは民族主義の高まりもあり、シオニズム（Zionism）運動が起きていた。

ヘブライ語の復興については、ユダヤ民族のなかでも、聖典や祈りのことばを日常語に用いることを不遜だと批判する動きがあり、誰しもが言語復興に賛成していたわけではなく、順風満帆ではなかった。

しかし、政治的な経緯は省くが、1948年にイスラエル共和国が成立すると、ヘブライ語はその公用語となった。イェフダーは、リトアニア語とロシア語、フランス語、ドイツ語、英語などのマルチリンガルであったが、もちろんヘブライ語は母語ではない。彼は生まれた子供にヘブライ語で話しかけ、彼の息子が現代における最初のヘブライ語母語話者となった。これは強い信念がないとできないことだと思う。一世紀も経たないうちに、イスラエルを中心に1000万人を超える母語話者がいるということも驚きだ。しかし、ヘブライ語の言語復興は奇跡的なことであり、そう簡単に起こるとは思えない。

日本語が滅んで『万葉集』や『日本書紀』だけがある状況で1300年後の「日本人」が先祖の言語を復活できるか考えてみればいい。言語が死に絶えて1000年も経てばそれを使っていた民族の概念が生き残っているかも怪しいのが普通である。

遺伝子を引き継ぐ人間がいても遺伝子では言語や民俗は継承されない。ヘブライ語は紀元70年のディアスポラの前に既に口語は衰退していたが、旧約聖書をはじめとする豊富な文書があり、それ以前の言語的隆盛も長く、ヘブライ文字の歴史は1000年近く、起源となる原シナイ文字まで考えるとさらに1000年ほど遡る（だいたい紀元前2000年ごろまで）。

『万葉集』の時代にはまだカナはなく、『日本書紀』は漢文で書かれているから、ヘブライ語のほうが歴史的に厚みがあることは事実であるにしても、それを2000年近く経て復活させるには強い同胞意識をもってユダヤ人が存在し続けていたことが大きかった。なお、平安中期になればカタカナひらがなともに使われるようになり、『類聚名義抄《るいじゅみょうぎしょう》』などの古辞書もあり、『源氏物語』などもあるから、復活のためのデータは揃う。

†言語は「使われ続ける」ことこそがキモ

言語は使われ続けてその時代ごとの必要に応じて変化していくものだから、使われていないと必要な語彙が揃わないことがある。北海道大学では、個々の部局名に日本語・英語とアイヌ語を併記しているが、「(研究)センター」にはアイヌ語の「チセ」を当てている。「チセ」は「家」、特に、アイヌの伝統様式で作った「家」のことだが、これを一般的な「家」へ、さらに「家のように人々が集まり、特定の目的で活動する場所」へと意味を拡げて使っているわけである。本来のアイヌ語に「センター」の意味はないから、人為的に新しい意味を増やしたということになる。

英語の center を中国語ではそのまま「中心」と訳しているが、施設を指して用いる用法がそもそも英語でも原義からの拡張なのだから、意味を拡張させることに無理はない。ただ、多くの人間が使い続けている言語で自然発生的に拡張したのではなく、人為的に拡張させたので新しい意味用法を知っている人が限定される点が異なる。

†日本語は消滅するのか?

危機言語というと、「日本語は大丈夫か」と心配する人がいる。

日本人は意識していないことが多いが、日本語は大言語である。母語話者はゆうに1億人を超えている。母語話者数のランクでは、母語話者の基準が異なるため何種類かのデータがあるが、10億人を超える中国語には及ばないものの、6000以上ある言語の中でだいたいトップ10くらいに位置している。母語話者数だけなら、ドイツ語やフランス語よりも多いくらいだ。

もちろん、英語・スペイン語・アラビア語・ポルトガル語・ヒンディ語・ベンガル語を母語にする人は日本語母語話者より多い。外国語としての人気は国によって違い、英語圏以外では英語が圧倒的なトップであるものの、外国語学校や中等・高等教育での学習者数・開講数を見ると、日本語はだいたいどの地域でも10位以内に入っている。こういった状況を踏まえると、日本語が「大言語」というカテゴリーに入ることは論じるまでもなく、当面は「危機言語」になることは考えられない。

しかし、日本語の将来に懸念や不安を覚える人は多いようである。水村美苗『日本語が亡《ほろ》びるとき』（筑摩書房）は、文学を担う言語としての日本語の力や存在感が衰退していく局面にあることを英語との比較を念頭に述べているが、上に述べたように、6000以上ある言語のうち大半はその言語で書かれた文学が出版されている状況ですらないので、文学的衰退の局面にあるとしても、それだけをもって言語学的には日本語の衰退とは言えない。

また、津田幸男氏の『日本語防衛論』（小学館）をはじめとする一連の著書では、英語を社内公用語にしたり、過剰な英会話教育シフトを行ったりすることの問題点を指摘している。英語を勉強しても日本語は滅びたり弱体化したりはしないと思う人も多いかもしれないが、伝達や記録に使う実用言語は競合する関係になるので、長期的に見れば、影響は及ぶことになる。

†バイリンガルは滅びへの道

危機言語の世界では「バイリンガルは滅びへの道」と言われている。2つの言語ができるのは便利なようだが、当然その習得には手間や時間や費用といったコストがかかっている。1人の人間がAとBという2つの言語を使いこなす能力を持っているとき、一方が英語のようにどこでも使える有力言語で、一方が自分の村の年寄りしか使わない弱小言語であれば、当然のことながら有力言語の使用比率が高まっていく。

子供の世代では有力言語に傾き、弱小言語は祖父母との会話でしか使わないのであれば、使いこなすほどの高度な能力は要らなくなる。結果的に世代が下るごとに有力言語へとシフトしていくのは自然な流れである。その行き着く先は、有力言語のみのモノリンガルである。

母語のように一度獲得してしまった能力は簡単に低下しないが、使っていないと瞬発力が低下したり、以前ほど巧みに使いこなせなかったりすることはある。ただ、また使い始めれば昔の勘が取り戻せることも多い。もちろん、不完全にしか習得していない外国語の場合は、時間が経つと知識が劣化して、容易に復活しないこともある。

同じように、日本語と英語を習得して、どちらも読んで書ける、聞いて話せるレベルであれば、英語のほうが使える場面が多いから英語に傾斜していく可能性がある。もちろん、母語の日本語のほうが圧倒的に得意であるとか、英語は仕事で使うだけで日本に居住し続けるというのであれば、最終的には日本語に傾斜する、というか、戻ってくるであろう。

しかし、中には英語に傾斜して母語としての日本語を使わないで生きていくという人が出てくる可能性はある。10年に1パーセントそういう人が出てきても、100年経てば日本語を捨てる人が累積で1割を超えてしまう。しかも、人口減少の縮小時代である。

4　政策としての言語

†使う言語を選ぶ権利と、言語管理政策

　有能な人材が海外流出するのは残念だが、だからといって外国語教育をしないとか、英語を習得させないとか、そういうわけにはいかない。個人のレベルでは、外国語を習得してキャリアをレベルアップしていく権利を保障するべきなのだが、制度や共同体の運営というレベルでは、安易に日本語の弱体化に向かわないようにすべきだという主張にも理由がないわけではないのだ。

　人は母語を自分で選べないが、個々人がどのような言語を学ぶのか、使うのかということには、自由な裁量が保障されている。ただし、伝達手段としての言語は通じなければ用をなさないから、理解可能で受容可能な言語を使わなければならない。自由な権利を保障することと野放しにすることは異なる。

　言語が混乱しないようにするにはどこかで言語管理が必要になる。言語管理には表記や使用文字、使用語彙についてなど細かな定めから、どのような言語を用いるかなど大きな方針までが含まれる。

　これに、言語教育などに関わる政策を加えると言語政策と呼ばれるが、この種の政策は長期的な計画を立てて進める必要があるので、言語計画（Language Planning）と言語政策

（Language Policy）はセットになることが多く、「言語政策・言語計画」（略称でＬＰＬＰ）ということも多い。

†現存する「言語純化」

言語政策の一環として「言語純化」をおこなっている国もある。外国語からの借用語が増えないようにすること、あるいは、かつて入った借用語を使用禁止にしたり、別語に置き換えたりすることが主たる純化となる。

たとえば、日本でも戦時中は英語を敵性言語として排除したことがあるが、いまでもトルコや韓国では見られる。韓国の国立国語院は１９１０年から４５年に取り込まれた日本語を使用禁止にして別語で置き換える施策を担っている。植民地時代の日本語を排除するという趣旨であるが、日本語と言っても主に和語（やまとことば）に起源のあるもので、漢語は対象になっていない。

明治以降、いまは使わないものも含めて、西欧語（英語・フランス語・ドイツ語など）からの翻訳のために造語された漢語を「近代漢語」といい、膨大な数の近代漢語が生み出されたのであるが、韓国における言語純化では、日本語から入った近代漢語は排除されていない。

社会だの哲学だのを片っ端から別語で置き換えるのが困難だということもあるが、素材が漢字であるため、日本らしさを感じないからであろう。「働」は本来日本で作られた国字（和製漢字）であるが、中国や北朝鮮でも使われている。一方日本語は、近世までは中国語からの借用が多く、長い歴史のなかでは漢語と和語が混ざり合っているところも多い。近代以降は、欧米から借用語が多く取り込まれて、それがいまでも続いている状態だ。

日本語は、借用語を名詞として取り込み、それに「する」をつければ動詞になり、「だ」をつけて連体形で「な」に活用させれば形容動詞になる。形容動詞は機能上形容詞と同等であるし、その連用形として「に」を付せば、副詞として使える。

つまり、名詞として取り込めば、動詞・形容詞・副詞に転用できるので、かなり使える範囲が広がるシステムができているのである。一般的に、文をつくるには名詞と動詞が必要であり、名詞の修飾を形容詞が、動詞の修飾を副詞がおこなうことを考慮すると、借用語だけでも文が作れることになる。

「ハッピーなメモリーがビビッドにリバイブする」などとは普通言わないが、語彙的な部分に借用語を当てて接辞（語尾）や倚辞《いじ》（助詞類）などに和語を使えば文はできあがる。このようなシステムが整っていることもあって、日本語は借用語を取り込みやすく、結果として、安易に多くの借用語が入ってくるのだろう。

もちろん、新しい語彙が増えても、実際に使われる語彙、定着する語彙は限られているから、いわば、言語共同体が持つ調整能力に任せておいても、いまのところ、重大な事態にはならないと考える人が大半なのではないだろうか。

†日本に言語政策はあるのか

「日本では日本語が使われている」ことを当たり前だと思っている人は多い。終戦直後にGHQの指示で識字率を言語学者が調査したことがある。学校に行けなかったから読み書きはできないという方がいても、自分の名前やひらがななどは読み書きできたそうで、一文字もわからないという人には出会わなかったという。また、日本全国津々浦々どこに行っても、標準語がわからないという人もいなかったそうである。これは、アイヌの人々に対する同化政策や標準語教育の結果という面がある。

いまでもたまに「日本は単一民族国家だ」などと発言する政治家がいるが、言語的な画一性はその根拠にはならない。母語は言語習得期の環境で決まり、血統や遺伝子はほぼ無関係だからである。しかも、21世紀の日本には日本語を母語にしていない人も多く居住している。

一方で、日本国籍でなくても、日本語を母語とする人も少なくない。国籍管理や移民管理をしておけば、言語管理をしなくても、日本語は安泰でなにも変わらないと考えている人がいるとしたら、誤った現状認識である。ただ、今の日本において、その種の言語管理を含む明確な言語政策・言語管理が不十分であることもまた確かである。

†公用語のない日本

言語政策には表記や敬語に関する基準策定も含まれる。日本では、漢字使用の目安となる常用漢字表（かつては当用漢字表といった）を定めているが、これも表記の指針なので広義の言語政策に含まれる。とは言え、常用漢字以外の漢字の使用を禁止するというようなものではなく、常用漢字表外の漢字を使うときに相応の配慮があればよい。

たとえば、「障碍《しょうがい》」の「碍」は常用漢字ではないので「害」に置き換えるという措置も言語政策の方向に沿ったものである。「害」の意味の一部が「碍」（さまたげる）と重なるので代替するのだが、「碍」と重ならない「害」の意味が好ましくないとして、ひらがなで「障がい」と交ぜ書きをすることもある。無視してよい差なのか、無視すべき差なのかの判断には、主観が強く関与するので、科学的な議論が難しい面もある。

「ティ」という音節が認められていなかった頃には「メキシコシチー」を正規の表記としていた時期もあったが、これも表記の政策のせいである。ほかには、敬語に関する指針も審議会で決めているがこれも義務ではなく、参考までに示している基準に過ぎない。日本の言語政策は、あるとしても、強制力はなく指針を示す程度の緩いものなのである。

また、日本では、日本語を法的に位置づけておらず、公用語についてもまったく決まりがない。言語政策・言語計画がほぼ欠落しているというのは、こういった実態があるからである。

†「英語を公用語にする」とどうなるか?

ひところ英語公用語論が騒がれたことがある。これが、日本語の相対的な衰退を覚悟した上で国際化のために英語を第二公用語にする、というのなら、それなりの意義はあるだろう。しかし、不思議なのは、日本語が第一公用語、英語が第二公用語になるという事態がどういうものなのかについて明確な議論がないことである。

英語が公用語とされ、日本語と同等の位置づけになって一番変わるのは、役所の業務である。役所は窓口での業務を日英バイリンガルで行わなければならない上、行政文書なども日英両方で作成しなければならない。公用語である以上、国民や市民はその言語で公的な手続きができなければならず、その権利が保障されるということである。裁判や警察の取り調べも日本語と同じように英語でもできるようにしなければならない。

そのためにはまず、現在有効な法律を全文英語にしておく必要があるだろう。これはもちろん原則論であるが、原則通りにしようとすると、役所の業務量は単純に倍になる。日英両語ができる人材を集めても業務量が倍であれば、倍近い人員が要るから、その分の費用がかかる。

実際にはすぐに日本語と英語を同じような言語に位置づけるのは不可能だから、どうしても必要なところだけ英語での対応をすることになるかもしれない。そうなると、英語は「準公用語」になってしまう。少なくともコストパフォーマンスを考えると非現実的なのだが、議論されていないのだ。

また、英語を公用語にしたとしても、短期間で変えるわけにはいかないから当面英語が今のような位置づけであるという見通しがなければならない。想定外の事態で、緊急の対応を迫られるのは世の常だが、先見の明が問われるところである。

現在は、機械翻訳の技術が進んでいる。そもそも翻訳や通訳は人間がしてもなかなか100パーセントの完成度にはならないが、機械翻訳が自然さに欠けても意味の理解に困らない程度の完成度であれば、万人が苦労して外国語を習得する必要があるのか議論すべき状況になることだろう。

†英語教育早期化は吉か凶か

既に小学校からの英語教育が決まっているが、これについても論争がある。意外なのは、英語教育の早期化に反対する人が英語の教員や英語教育の専門家に多いことだ。もちろん、これをビジネスチャンスと見て推進しようとする人もいるが、専門家に反対が多いことは重要な点である。

一般的な国民の要望としては、海外旅行などで困らない程度の英会話力を習得したいというものが多く、学校教育の中で10年以上英語を学んでいるのに話せるようにならないのは教育が間違っているのではないか、という批判も多い。大卒なのに英語が話せないのは教育が悪い、というのである。これについては、専門的に論じているものも多いのでここでは概括的に論点だけ確認しておきたい。

まず、従前の日本の英語教育は会話能力を高めることに重点を置いていなかった。かつての漢文訓読方式よろしく、英語の文を「読む」ことで日本語に置き換えて理解する訳読法が中心で、その応用として英作文などの「書く」が付け加えられていた。

昭和の終わり頃から発信型の英語が主張されるようになり、２００６年度からはセンター試験の英語にリスニング試験が導入された。このように、これまで「聞く」能力までは試験で能力を問う状況が整っているが、「話す」能力は個別に面接などしなければ十分に評価することは難しいから、多人数が一時期に受験する方式では現実的に試験に取り込むことが考えにくい。

いまは小学校から英語教育が始まり大学2年まで続くのだとすればゆうに10年は教育を受けることになる。しかし、授業時間はあまり多くなく、週あたり数時間である。会話は講義形式の授業を行いにくく、グループに分かれていわゆるアクティブ・ラーニング形式で進めることになるが、これは実践的で効果が上がる可能性がある一方、漫然と時間を過ごすだけでほとんど効果が得られない可能性もある。

そもそも、語学習得には、強い動機が不可欠だから、「やらされている」という気分で取り組んでいるだけでは効果は上がらないのが実情である。

会話で効果があると思われるのは個別指導だが、これを一人の指導者が対応すると手間と費用がかかる。決まったパターンの練習ならコンピュータやウェブ上のシステムが会話の相手をすることは可能であるが、問題は自由なやりとりに十分に対応できる会話の相手を務めるほどのシステムがまだないことだ。

もちろん、学習者に強い動機があれば指導方法やシステムが十分でなくても効果を上げることは可能だが、教育では平均値や目標達成数といった計量的成果が求められる。クラス40人のうち5人だけが非常に高いレベルに達しても、20人が平均点以下なら成功したとは認められないだろう。

†高等教育が英語でないのは世界の非常識?

日本では、大学まで日本語で授業が受けられるが、大学や大学院といった高等教育を自国の固有語で行っている国は、世界的に見ると少数派である。これは主に明治期の先人が学術用語などを翻訳語で整備し、日本語での教科書をつくるなど大変な努力をした賜物である。

インドやフィリピンなどでは、大学は英語で授業を行うのが普通で、大学以上の高等教育は英語で行うのが世界的には主流である。

こういった国では大学を卒業していれば英語ができるわけで、その後欧米の大学や大学院にも留学がしやすい。日本の大学は、英語化を進めているが、これは英語ができれば日本の大学を卒業でき、大学院で研究ができる環境を整えようということである。

日本語でしか研究ができず、それも高度な内容を日本語で学ぶのでガラパゴス化が進むという批判もある。日本の文化や社会など日本語力があってはじめて本質を理解できる分野(主に文系だろう)もあるが、工学系や生命科学系などでは日本語ができなくても研究ができる。英語だけで研究し、論文も発表できるにしても、日本で研究する以上、日本的な考え方や感性を理解するのに日本語をある程度習得したほうがいい面もある。

†国家戦略としての言語教育

以上のようなことは、日本でどのように言語教育を行い、どのような言語政策を進めるかということにかかっている。教育現場での外国語の扱いなど技術的なこともちろん重要なのだが、国家百年の計とまでは言わないものの30年や50年先のことを見据えて長期的な言語政策の方針を議論すべきときではないだろうか。

鈴木孝夫『武器としてのことば』(新潮社、1985年)が唱える言語戦略が話題になったことがある。戦略は、表には出さないで策をめぐらすことをさして使うことが多いので、政策のように公言して進めるものとは少しニュアンスが異なる。それでも、政策を打ち立てるには、現状認識と未来の国家像を踏まえた戦略が必要である。

例えば、敵対関係にあって嫌いな国のことばを学ぼうとする人は少ないかもしれないが、国家戦略としてはそういう国々のことを研究して情報を得ることが重要であり、結果として、その言語に堪能な人材が必要になる。

英語一辺倒になって、みんな英語はできるが、ほかの言語はできない、専門家がいない、ということではまずい。また、中国の孔子学院やドイツのゲーテ・インスティチュートのように、自国の言語や文化を海外に普及させる事業を継続的に続けているケースもある。日本語を漫画やアニメで習得したという人もいるが、漫画やアニメは著作権の問題もあって、自由に教材に使用しにくい。日本でも国際交流基金の事業の一部として行われており、さまざまなレベルでの国際交流はあるわけだが、国家としての青写真があるかと言われると、大きな計画があるわけではなく個々の部署や部門で淡々とやっているに過ぎない、というところだろう。

言語政策には、日本人として日本国内で生まれ育つ人への国語教育と外国語教育、日本に移住・移民してくる人（日本語を母語としない人）へのサービス、日本語の普及などが含まれる。

労働力不足を補うために外国から人材を取り入れる場合にも、日本語の能力を求めるのか、求める場合にはどの程度の水準の運用力を期待するのか、そういう人材となるために日本国内や海外で日本語を学びたい人にどういうサービスを提供できるのか、観光客に多言語対応するための方法や人材の確保、外国人居住者に役所がどう対応するかなども総合的に考えておく必要がある。

学校教育で使える時間は限られているから、英語の時間を増やせば他の教科の時間を削らざるを得ないが、国語の時間や教育内容はどうするのかもバランスを考えて決めなければならない。

また、英語以外の外国語人材をどのように養成するのか、日本語や日本文化に関心を持って留学してくる学生たちにどのように教育するのか（大学教育を英語化するだけでは日本に興味を持ってやってくる留学生にそっぽを向かれてしまう）、など、全体的に整合性とバランスがとれた政策を練り上げなければならない時代になっている。しかし、その種の言語政策・言語計画が日本には欠落しているように見えるのである。

5　AI時代の言語学

†会話を支える知能と語用論

現在急速にAI翻訳が進歩している。いまAI翻訳と呼んでいるもののほとんどは、音声認識と機械翻訳と音声合成の技術の組み合わせであるが、音声認識も機械翻訳も以前に比べると格段に向上して、部分的に実用に足るレベルになっている。

以前の機械翻訳は、構文解析を詳細に行って正確に意味構造を把握し、その意味を表す文を複雑な手順で生成して完成度の高い訳文を提示する方法だったのが、いまは、大量の事例データを蓄積し、その中から頻度の高いものなどを選んで当てはめる方法へとシフトしている。これは、CPUが高性能化してデータの処理能力とデータの収蔵能力がともに画期的に高まったこととインターネットが普及したことが大きい。

昭和から平成に入ったころまではまだフロッピーディスクがあって、ストレージもメガバイト単位だったが、平成が終わる時期にいたってテラバイト単位になっている。記憶容量が少なければ、必要不可欠なデータだけで対応せざるを得ないから、文法規則に汎用性を持たせて、語彙は最小限に限定することになる。言語学では分析的理解というが、可能な限り小さい形態素に分解して理解することになる。

例えば、「そんなわけないよ」を「そ」「んな＝のような」「わけ」「が（挿入）」「ない」「よ」のように分解し、主格の「が」と文末の「よ」は訳出しにくいので無視し、that/ kind of / reason/ there is not を組み合わせて、There is not that kind of reason. のような英文を生成するだけなら、少ない記憶容量でも対処できる。しかし、これで通じるケースは期待しにくい。

記憶容量を気にしなくてよければ、「そんなわけないよ」を Absolutely not! だの That is incredible. だの I cannot say that. だの、事例を多く収集して、その中から、用例の多いものを選んだり、直前の発話が似ているものを選んだりすることができる。このやり方では、インターネットなどを使って無限にデータが収集でき、それらのデータをもとにシステム自身が妥当だと思う表現を選び出すための共通点を拾い出して、より精度の高いしくみを構築していく方法（ディープ・ラーニング）によって、進化できるのである。

言語哲学者サールは「中国語の部屋」という比喩で、人工知能の課題を指摘したが、そこではインプットに対するアウトプットが正しければ会話のやりとりが成立したことになるものの、そこに「知能」があると言えるのかという疑問があった。

通訳や翻訳を人間がするのなら、わかっていて出力するわけだが、不十分な理解や誤解があって間違えることもある。ＡＩの場合、意味内容の正確な理解と関係なしに的確な翻訳ができることがあり、以前であれば「知能」の条件を満たしているのかという議論になったはずだが、いまはそういった哲学的な議論よりも、実用性が先行しているのが現実である。

要するに、学習能力を持ち、人間が必要だと思う結果を提供してくれるものであれば、「(人間のように) わかって考えている」必要はない、ということだ。そもそも「わかる」ことや「覚えている」ことには感情が関与していることが近年指摘されているから、人間と同じしくみで知能を持つことは不可能であり、現実的には必要のないことだと言ってもいいだろう。

†「必要最小限」の規則体系

言語学の基本的な考え方も記憶容量が小さい時代の方略に近い。つまり、少ない規則と少ない情報で効率的に記述し、それらを創造的に組み合わせることで、言語産出の可能性を最大化する（可能性としては無限大になる）と考えるのである。言語学では、記述の経済性という考え方をするので、できるだけ少ない規則でスマートに記述したり分析したりする方が優れていると見る。

また、「オッカムの剃刀」（Occam's razor）という原則で、無駄な規則や原則は切り落として必要最小限の規則体系にするという方針を立てている。これは、時代が変わっても、また、これから述べるようなことがあっても、厳然として変わらない、強固な方法論である。

チョムスキーのいう「内的言語」は最小限の知識体系を想定していて、実際に発話したことは、たとえ、記録されていてデータとして蓄積されていても、一種の発話の記録、あるいは、積み上がった屍のようなもので、「外的言語」と見なされるに過ぎない。

しかし、人間の言語能力は、規則通りでなくとも、なんども見聞きするうちに取り込み、定着していく要素を含んでいることが指摘されている。端的に言うと、「頻度」が高い用法や表現は規則とは別に成立し、それがまた規則性を生み出す基盤にもなると考えるのである。

例えば、不規則な動詞の活用はおおむね使用頻度の高いものに集中している。go の過去形の went は別の単語が活用系列に混ざり込んだもので「補充法」と言うが、こういう例外も頻度が高ければ定着してしまう。

そう考えるなら、人間の知能も、かなり記憶容量が確保されていて、頻度の高いものは規則とは別に存在できるとすべきだというのである。種々雑多な使用実績がまずあり、規則はあとからできてくると複雑系言語学では考える。規則でできる限り説明して、説明できないところにだけ頻度に基づく使用実績を導入するやり方とは、ちょうど逆の方向性となる。

†易しい命令、難しい命令

「電気をつけて」とか「……の音楽をかけて」といった命令は機械にとっては得意とする形式である。そもそも機械は停止や開始や調整なども一種の命令（コマンド）として受容しており、できることであれば、別系統に指示を流すだけで対応できる。「明日雨降るかな」といったことも、情報を集めて明日雨が降るかどうか、その確率を答えればよいから簡単である。

「このことを彼に教えた方がいいかな」のような発話も形式上はイエスかノーで答えればいい疑問に見えるが、適否などの判断を含んでいて、教えるケースと教えないケースを比較商量しなければならないから、難しい。

ことばを通じて現実に働きかける行為を行うときに発話が持つ「力」を言語学では「発話内力」(illocutionary force)と言う。命令や要求や指示などは、形式から発話内力が理解しやすいものであり、対応も難しくない。この種のことは言語学でも語用論で主として扱うが、人間のやりとりでは言語形式とは異なる真意や発話内力が引き出されることも少なくない。

†語用論と対話の妙味

「今日は結構暑いよね」という人に対して「窓を開けようか」というか「エアコンをつけようか」「エアコンの設定温度を下げようか」というか、「冷たい麦茶でも飲む?」というか、「明日も暑いらしいよ」というか、「そうだね」とだけ応じるかは、簡単なようでそれほど簡単ではない。

屋外にいるときは、窓やエアコンの話はできないし、屋内にいても真冬なら「エアコンつけようか」は必ずしも適切ではない。暖房がついている状況ならまず「暖房を止めようか」が先だろう。人間、特に大人が適切に判断できるのは、周囲の状況などを踏まえて経験知から推論ができるからである。相手が真冬でも冷房を入れたがるほどの暑がりであれば、相手との人間関係によって、「真冬ですけど冷房入れますか」というか、「真冬なんだから冷房は入れないよ」というか判断することになる。

「今日は雨模様だ」というとき、「予定している運動会は中止になるだろうか」という判断は、経験知を持つ人間であっても難しい。最近は「雨模様」を「雨天」と理解する人も多くなっていることがわかっているが、これを「雨が降りそうな天気」と理解したとしても、運動会を雨が降りそうな曇天でおこなうこと、雨が降り出したときに運動会を継続することの妥当性などは、簡単に判断できないからである。

しかし、人工知能の場合、なぜ雨が降ると運動会を継続しにくいのか、ぬかるんだグラウンドで競走を行うことにどんな問題があるのか、などを既存の知識だけでは判断しにくい。というのも、それには、快不快や好悪といった身体性の感覚判断が関わってくるからである。

人間であれば、泥まみれになって徒競走をするのが事後処理を考えると手間が増えて面倒なことや、洗濯のことなどを考えなければ、どろんこの中で遊ぶのが楽しいと思う人もいることなどは知っている。ぬかるんだグラウンドでは滑ったり転倒したりしてけがをする可能性が高くなること、服や靴が汚れることも考え合わせて、取りやめる可能性もわかっている。体育館に場所を変更して行うことや、翌日・翌週に変更して行うことの可能性も織り込み済みである。それも荒天の程度や見込みとの関係で判断するので難しい。

こういった経験知や感覚との関係が知識にあるから、「雨模様だけど、運動会はどうなるのか」という疑問が成立するのである。

語彙や文法などの言語知識以外の知識や情報の集積を言語学では、百科事典的知識あるいは「世界知識」という。世界知識は、個々人で異なるが、共通している部分も多い。これには教科書などで学ぶ知識も含まれるが、現実生活で生活しながら経験したり見聞きしたりしたことが基盤になっている。

この種の「世界知識」が人工知能の弱点だと言っていいだろう。「疲れる」「痛い」「眠い」「うれしい」のような感覚や感情が理解しにくいということはつとに指摘されているが、これらはどういう状況や条件で生じるか、その感覚や感情が生起したらどういう状況になるのかを知識として一般化することはできる。

「今日は結構暑いよね」という発話に対して私たちは「結構暑いね」と答えたり、「どうしてあの人から連絡が来ないのかな」に対して「どうしてだろうね」と答えたりすることがある。このときの応答は情報性が限りなく低く、一種の共感形成反応である。「共鳴」と呼ぶこともある。

人間が、他者からの承認を求めたり、共感し合うことを求めたりするのは、人間的な部分である。もちろん、言語によって違いはあり、「どうしてかな」に「どうしてかな」と答えることが日本語の会話では可能だが、英語で I wonder why. に I wonder why. というのは不自然である。中国語でも同様だという。こういったパトス（＝情動）に関わる部分をどのように処理するか、あるいは、かわすのかについて、効果的な戦略を準備できれば、かなり高度なやりとりが可能になる。

第２章

言語学をいかに役立てるか

‘ई’कारान्तः पुंलिङ्गः ‘सुधी’ शब्दः = Scholar; ending in "I")

विभक्तिः	*एक.*	*द्वि.*	*बहु.*
प्र.	सुधीः	सुधियौ	सुधियः
द्वि.	सुधियम्	सुधियौ	सुधियः
तृ.	सुधिया	सुधीभ्याम्	सुधीभिः
च.	सुधिये	सुधीभ्याम्	सुधीभ्यः
पं.	सुधियः	सुधीभ्याम्	सुधीभ्यः
ष.	सुधियः	सुधियोः	सुधियाम्
स.	सुधियि	सुधियोः	सुधीषु
सं.	हे सुधीः	हे सुधियौ	हे सुधियः

एवम् ‘सुश्रीः’ ‘यवक्रीः’ *इत्यादयः*

サンスクリット語のパラダイム例（出典：*Sarvamangalesa's Sanskrit Learning Methodology, Naimii Sarvamagaleśvaraśāstri*, India: Chowkhamba Sanskrit Series Office : 2008再刊）

嘉永6年6月3日、西暦では1853年7月8日金曜日に、ペリーの黒船は浦賀にやってきた。ペリーは琉球にも寄港しており、江戸幕府は事前にアメリカの艦船が来ることは知っていたが、幕府の海外通訳の役目を担う役人である通詞《つうじ》はオランダ通詞だけで、中国語の通訳や朝鮮語の通訳は用意できたが、英語の通訳は準備できなかった。この時点での幕府の方針は、開国はおろか接触もしたくない、というものだったが、さて、幕府の役人は何語でどう伝えただろうか。

ペリーの日本遠征記を見ると、「やがて一隻の番船が旗艦の舷側にやってきた。船上のひとりが紙の巻物を手にしているのを認めたが、サスケハナ号の士官は受け取るのを拒絶した。しかし、その紙はミシシッピ号の舷側で読めるよう高く掲げられた。その文書はフランス語で書いてあり、艦隊は撤退すべし、危険を冒してここに停泊すべきではない、という趣旨の命令を伝えていることが分かった」(M・C・ペリー『ペリー提督日本遠征記』宮崎壽子監訳、角川書店)とある。

要するに、口頭ではなく、フランス語の文を紙に書いて見せたのである。その後、乗船を拒絶された幕府の役人(オランダ通詞)の堀達之助は、I can speak Dutch.(私はオランダ語が話せる)と上手な英語で言ったという。ペリーの艦隊には、オランダ語の通訳と中国語の通訳が乗っていたので、あとは堀と通訳のポートマンの会話になった。

ペリーも日本に来る以上、日本語の通訳がほしかったので、中国語のほか日本語もわかるというサミュエル・ウィリアムズを連れて行こうと説得したが、ウィリアムズは中国学者で「自分の日本語は役に立たない」と言って固辞したと言われている（楠家重敏『幕末の言語革命』晃洋書房）。

1 接触する言語とクリオール

†「英語転換」という劇的変化

アメリカ側のペリーは日本と交渉したいが日本語の通訳がおらず、江戸幕府はオランダ通詞はいても英語通詞はいない。これはまさに一種の言語接触である。堀は先祖代々のオランダ通詞だが、日本に密入国したカナダ人に英会話を学んでいたとも言われる。堀は、このあと蕃書調所《ばんしょしらべしょ》、洋書調所で西欧の書物の翻訳や辞書編集にあたり、『英和対訳袖珍《しゅうちん》辞書』という日本初の英和辞典を1862年に刊行している。なお、「袖珍」とは袖に入るくらい小さいということで、袖珍辞書は「ポケット辞典」に相当する。明治期には多くつくられた。

黒船との接触から辞書刊行まで10年もかかっていないのは驚きだが、それだけ英語の辞書が求められていた時代だった。イギリス人やアメリカ人が横浜に居留し始めると、英語を習うために横浜に住む者が出た時代である。

ペリー来航からたった15年で、外国語と言えばオランダ語という状況から英独仏語へと急速なシフトが起こった。その中心は英語であった。インターネットもテレビもないどころか、電話や鉄道すらまだない時期に15年で完全に切り替わるということはまさに劇的変化だった。しかも、この間に薩摩藩士がイギリス人に切りつける生麦事件（1862年）も起きているのである。

蘭学一辺倒から英語への転換が幕末に起きたということは、社会情勢の変化によって英語一辺倒の現代日本の状況が急激に変わりうるということでもある。そもそも19世紀の国際語はフランス語であり、英語がその座についたのは第一次世界大戦後だと言われている。英語が実質的な世界語であるとしても、まだ一世紀の歴史しかなく、しかも激動の近現代史の一世紀である。このまま100年後も英語が世界語であり続けるかは、言語ではなく、アメリカやイギリスを中心とする英語国家の経済や政治における強さによって決まると言ってもいい。ただ言語学的に見ると、英語に有利な点もある。それはハードルの低さだ。

†英語の利点

英語はラテン文字（いわゆるアルファベット）26文字だけで書き表せる。フランス語のアクサン記号やドイツ語のウムラウトの符号などの補助記号は用いない。また、変化するのは動詞だけで、それも実質的に過去形と過去分詞形を覚えればよく、多くは-edを付す規則活用だ。現在分詞は-ingを付すだけなので、不規則形を覚えるのは過去形・過去分詞形くらいである。

ドイツ語は人称と数で6種類の動詞活用形（実際には重複もあるので4種類くらいしかないが）に加えて、冠詞の変化があり、名詞も男性か女性か中性かを覚えないといけない。さらに、フランス語は、動詞に未来形があり、過去も半過去と単純過去があり、活用表（パラダイム）を覚える負担が大きくなる。名詞や形容詞が数と性で変化するが、これはそれほどの負担ではないだろう。名詞の変化で言えば、数と格で12通りに名詞が曲用するロシア語は、文字の違いのほかにも覚えることが多い。動詞には、完了態と不完了態があり、定動詞と不定動詞があり、地道な学習を必要とする。

これらに比べると英語は、実質的に、語形変化のない孤立語に分類されるほどで、負担は少ない。もちろん、英語は語尾の変化で活用を行う屈折を持つ印欧語族の1つだが、屈折変化が退化して、代名詞くらいしか変化せず、少数の不規則活用動詞を覚えれば済むくらい「孤立語」化が進んでいるのである。

中国語は孤立語なので語形変化は覚えなくてもよいが、文字のハードルが高い。これは、漢字を使う日本人にとっては、字形や意味の違いはあるものの、そんなに高いハードルではないが、欧米人などにとっては相当ハードルが高い。しかも、声調言語なので多少の訓練と慣れが必要であり、負担が増える。標準中国語（北京官話）では4声調だが、中国語の方言やタイ語（5声調）などもっと種類が多いものもある。どうやら、この声調の習得は比較的向いている人と向いていない人がいるようだが、習得できないというようなものではない。

文字と発音に関しては、タイ語やアラビア語、ペルシア語についても同じことが言えるだろう。ペルシア語はアラビア文字を使って書くが、アラビア語とペルシア語は系統の異なる別の言語で、言語が違うと読めてもわからないのだそうである。

†英語の変容と技術革新

いまの技術では、英語のように少ない文字で補助記号も使わない言語でなくとも、どの言語の文字でも電子的に処理することが可能である。漢字はいろいろな字形があるが、それでも一般に使われるような文字は扱えるようになっている。処理能力が格段に向上し、マルチリンガルになって、文字コードもあらゆる文字体系が扱えるようになったからだ。

１９８０年代半ばには何十万円もするワープロ専用機を買っても、第一水準の漢字までしか使えなかったことを思うと夢のようだ。「光芒」ということばを使いたいのに、「芒」は第二水準の漢字で、表示させるためのＲＯＭが確か6万円もしたので、貧乏学生だった筆者は生活費を節約して買った記憶がある。とは言え、それも今は昔、技術的には言語使用上制約を感じるケースは少なくなっており、技術的には英語が世界語でなければ困るという状況ではもうなくなっているのである。

ただし、機械翻訳は英語を媒介して行うことも多い。それでもユーザーはあまり意識せずに利用しているだろう。インターネットでは、スワヒリ語を日本語に訳したり、日本語をクロアチア語に訳したりするサービスがあるが、これはもちろん2言語間で直接翻訳しているのではなく、スワヒリ語を英語に、英語を日本語にというように、英語を媒介言語に使っているのが普通である。ただ、英語が表に出ないので意識しないだけである。

たとえ、今後英語の普及度が低下して世界語の座を別の言語に譲ったとしても、媒介言語としての英語を使った翻訳技術はその蓄積もあるのですぐには変わらないだろう。逆に言えば英語に訳す精度が高まれば翻訳の精度も高くなるということである。いまではグローバル化の時代らしく、英語で書いた文章が30〜50程度の言語に翻訳されて使用されることも多くなっている。マニュアル（取扱説明書）が主であるが、速報すべき情報も同じように扱われる。

英語で文章を書く人の中には、翻訳しやすい英語を書くように訓練を受け、それを職業にしている人もいる。英語独自の言い回しやロジックを避けて、英語でありながら英語っぽくない表現や構文を使っても、英語ネイティブなら十分に理解できるはずだ。英語としてはよい文章でなくてもわかればよく、それが問題なく外国語に翻訳できるならさらによい、というのである。

これは、システムを人間のほうに近づけるのではなく、システムがうまく機能するように人間の側がシステム寄りの言語使用をおこなうことでもある。今後、この状況が長く続けば、おそらく英語は変質していくだろうと思う。今でも世界語としての英語は、母語話者ではない人が多く使うため、逸脱的な言い回しや表現が生じ、しかも、それを許容することが多くなっている。

「国際語としての英語」（EIL; English as an International Language）とは、誰の母語でもない英語ということである。そして、それが英語そのものを変化させる1つの力として作用しているのだ。グローバル化や世界語としての地位と引き換えに失うものもあるわけである。

日本語もグローバル化して、母語ではない日本語を学習して使う人が増えていく可能性はある。そのとき、日本語は日本人のものではなく、母語話者なら使わない言い方や表現方法が増えてくる可能性がある。なかにはそういう日本語に拒否反応を示す人もいることだろう。いわば「気色悪い日本語」に対する寛容さが我々に求められる時代が来るかもしれないのである。そして、その点では、英語はだいぶ日本語の先を行っている。

†言語接触の風景

人間の歴史を見ると、集団が移動すればどこでも言語接触が生じると言える。非常に近い方言が接触するときもあれば、まったく通じない言語どうしの接触もあるが、それぞれの例について取り上げたい。

1960年代、高度経済成長期の日本の各地でニュータウン建設が始まった。多摩ニュータウンや千里ニュータウンが有名だが、団地と名のつくものもあり、都市部の労働者の新しい住宅地を提供するための事業で、完成から半世紀近くを経過しているものもあれば、現在でも建設中で募集をしている新しいものもある。

ニュータウンに居住する人は近隣から引っ越してくることが多いにしても、出身地はさまざまである。ニュータウンの建設には、鉄道や道路などの整備を伴うことが多い。開発以前に農村地域だった場合には、代々その土地に住んでいて地元の方言を話す人たちと、駅前のマンションや大規模なニュータウンに新たに引っ越してきた人たちが、新しい共同体を作ることになる。

首都圏では、新しい居住者は都心への通勤や通学をする人たちが多かったので、主に東京方言を使う。子供も大人も当初は移住組と地元組でことばが違うが、時間が経つうちに学校など共同体のなかで標準語化が進んで行く。これは、近代前半の北海道で移住者によりさまざまなことばが持ち込まれて全体的に標準語化の圧力がかかったのと似ている。かくして、東京方言は首都圏の広い範囲に浸透し、首都圏語と呼ばれる一体感のある言語変種になっていく。

†神戸市のニュータウンで起こった標準語化

興味深いのは、神戸市の須磨ニュータウン（西神ニュータウンまで開発が統合的に進められた）に関する方言意識の研究成果である。このニュータウンもさまざまな地域の出身者が居住しているが、その多くは近畿地方の方言話者であり、阪神地域に通勤通学している。これらのニュータウンも神戸市内なので区分上は神戸方言とすることが多いが、神戸市内でも三宮を中心とした地域と長田などでは、ちょうど東京の山の手と下町のような違いがあり、郊外は周辺の地元方言である播州《ばんしゅう》方言（播州東部なので東播方言とも）とすることも多い。

これらの違いは、他の地域の人にはわかりにくい微妙なものだが、住宅地の威信をより強く反映して方言差があると意識されていることがアンケート調査からわかる。面白いのはこれらのニュータウンのことばを周辺の人もニュータウン居住者もあまり関西弁っぽくないと評価していることだ。

アンケートには、ニュータウンでは標準語を話しているとする回答もあり、ニュータウンことばのような関西弁が標準語化したものを近隣の他地域と区別するために設定している人も見られる。もちろん、これらの地域のことばも概括的に見れば近畿方言に含まれるが、さまざまな地域から人が集まると標準語化の圧力がかかることは北海道や首都圏と同じであり、その微妙な違いをかなり強く評価している点が興味深い。しかも、ニュータウンの外側の開発されていない地域は、伝統的な田舎くさいことばと見る傾向もある（以上は、朝日祥之『ニュータウン言葉の形成過程に関する社会言語学的研究』ひつじ書房、による）。

他地域の人にはわからないような違いでも、周辺との違いを認識し、自分たちのアイデンティティと結びつける傾向は各地に見られる。金沢市と富山市は同じ北陸方言で似ていて、他地域の人にはその違いはわかりにくいが、それぞれの都市の人ははっきり区分していて、違う方言だと言う。これは、愛知県の東部と西部（名古屋市などの尾張方言と岡崎市・豊橋市などの三河方言）ではっきりと異なる方言だと区別していたり、青森県の東部と西部（八戸市などの南部方言、青森市・弘前市などの津軽方言）で相互にはっきりと異なる方言だと認識していたりするのと同じである。

他地域の人から見るとほとんど同じで区別できなくとも、それぞれの土地ではわかる微細な違いはある。ことばが違うから別の土地だというより、異なる土地で異なるアイデンティティを持っているからことばも違っているという認識が成立するとみるべきだろう。

†ピジンという混合言語

方言と方言の接触も一種の言語接触であるが、まったく異なる言語接触の結果生じるピジンという言語もある。言語A話者と言語B話者がどこかで出会ったもののまったく相手のことばがわからない状況を考えてみよう。

船が流されて知らない土地に流れ着くこともあれば、近代まではある土地を武力で占領しようと他の民族が侵略してくることもあったろう。必要に迫られて意思疎通をするには、相手のことばをこちらが少し学び、相手がこちらの言語を少し学んで、少しずつ混ぜて最低限のやりとりができるようなことばをその場で作り出すのが手っ取り早い。これは、いわばその場限りの混合言語である。このような言語は不完全だが、単純なしくみでできているので習得しやすい。そして、誰の母語でもない。このような言語を「ピジン」という。

もちろん、本来その場限りの言語だから、すぐに使わなくって消えてしまうこともあるが、異なる民族との接触が続くこともある。たとえば、貿易が始まったり、不幸なことだが支配が続いたりする場合だ。

そうなると、徐々にピジンはコミュニケーションの道具として使えるように語彙《ごい》を具《そな》えたり、文法を整備したりするので、完成度が高くなる（「拡張ピジン」と言う）。この状況で長く使われ続けると次の世代が母語として習得する事態もありうる。そうなると、その言語はクリオール（クレオールとも言うが、ここでは英語 creole の原音に近い表記を使う）と呼ばれる。つまり、ピジンを母語化したものをクリオールというのである。

ピジンやクリオールは混合言語なので、もとになった2つ以上の言語がある。このとき支配者など力の強い民族の言語から語彙の大半を取り込み、弱者側の言語は文法のしくみや発音、一部の語彙などを痕跡的にとどめるように混ざり込むことが多い。

前者を上層言語、後者を基層言語というが、ピジンが生じる過程で文法などのしくみが簡素化する（たとえば印欧語のような複雑な動詞活用は使わないことが多い）。ピジンは一部の記録に見られるに過ぎないが、クリオールのなかにはその後も使われ続けているものがある。現在残っているクリオールでは上層言語を英語・フランス語・スペイン語などとするものが多い。動詞の活用を使わないと、語順で主語や目的語を表す方法をとることになるため、英語や中国語のような文法に近づく「孤立語化」が生じやすいことが知られている。

ドイツの言語学者フンボルト（1767—1835）は、晩年『ジャワ島のカヴィ語について』という大著を書いているが、カヴィ語はジャワ島の古典語（宗教色の強い書きことばなので雅語とすることも多い）である。カヴィ語は当時のヨーロッパでインド系の言語と見なされていたが、カヴィ語もジャワ語もオーストロネシア語族であり、南方系の言語なので、インド系とする考えは間違っている。この点を初めて明らかにしたのがフンボルトであった。

その種の誤解が生じたのは、言語をよく調べずにサンスクリット語などインド系の語彙が多かったことからインド系と見なしたからである。しかし、それらはいずれも借用語であった。一見したところ、インド系の語彙が多いためにインド系とされたものを、形態論や統語論から見て、インド系ではないと見破ったのがフンボルトの功績だが、彼はこれだけ借用語が多いと思考のあり方もサンスクリット語の影響を受け、民族精神の形成にも重要な影響があるとも述べている。

日本語と中国語をよく知らない人が見れば、漢字を共通して使っているので、日本語を中国語と同系の亜種と見る可能性はあり、これだけ漢語がたくさん借用されているのだから、思想形成にも影響があると見る可能性があることは十分に想像できる。

†すべての言語はクリオールだ

このように考えてくると、すべての言語はどこかで言語接触をしており、そこでは2つ（以上）の言語が混合しているので、クリオールと言えなくもない。クリオールは混合言語だが、母語話者がおり、通常の自然言語として扱われる。ただ、その成立の歴史がわかっていて、ピジンからクリオールに進化したことが知られているに過ぎない。ということは、クリオールであることが知られていないだけの混合言語はたくさんあるはずで、どの言語も言語接触を経験しているのだとすれば、程度の差こそあれ、クリオールの性質を持っているということになる。

ピジンは、他に意思疎通ができないからその場で工夫して伝えようとした結果できた話しことばである。もとになった言語は2つ以上あるが、先に述べたように、強い民族の言語のほうが語彙を供給することが多く、文法的な要素である接辞や倚辞《いじ》（日本語の助詞も大半は倚辞にあたる）はかなり簡素化されて、それも語彙的な要素を使うことがある。

パプアニューギニアで用いるトク・ピシンは、すでに母語話者がいるクリオールになっているが、当初はもちろんピジンであった。パプアニューギニアは、個々の民族語の相違が激しいので、トク・ピシンを一種の共通語として用いることもある。トク・ピシンの語彙の大半は英語から来ており、「私」はmiで、「君」はyuという具合だ。この地域の言語では、一人称複数に除外形と包括形があることが多いので、トク・ピシンでもその区別が見られる。

英語には一人称複数はweしかなく、日本語でも除外形と包括形は形態的な違いがないので私たちは意識することが少ないが、この種の区別はオーストロネシア語族にもアイヌ語にも、ケチュア語（南米の言語でインカ帝国の末裔《まつえい》の言語とも言う）にもあって、珍しくない。

除外形と包括形の違いは二人称を含まないか含めるかである。「私たちは君を助けたい」というときの「私たち」は「君」が入らず、二人称を除外した除外形（exclusive we）であるが、「私たちは人間としてみな平等だ」というときの「私たち」は二人称を含む包括形（inclusive we）である。

日本語やヨーロッパの言語は形態でこの2つを区別しないが、区別する言語は珍しくない。トク・ピシンには、yumipelaという一人称複数包括形とmipelaという一人称複数除外形がある。pelaはおそらく英語のfellow（仲間）に由来すると思われ、日本語の「たち」のような複数を表す要素になっている。自立的な語彙的要素が非自立的な文法要素に転じる変化を「文法化」と言うが、まさにその典型といってよい変化である。

聞き手を含む方はyumipelaで、聞き手を含まない方はmipelaなのだからわかりやすい。トク・ピシンには2を表す「双数」があるが、一人称の包括形複数は、自分と相手の2人ということになり、yumitupelaと言う。tuは英語のtwoに由来するが、pelaは全体が単数ではないことを表す要素になっていて、語彙的意味を失い、文法機能に特化している点で文法化の典型例になっている。トク・ピシンは8割が英語の語彙を発音しやすい形に変えたもので、英語が上層言語であるが、双数があることや包括形と除外形を区別することなど基層言語となった現地語の特徴も残しているのである。

日本語の成立仮説のなかにも南方系と北方系や、オーストロネシア系とアルタイ系のように混合を想定する考えが見られる。言語接触による変容をひろくクリオールと見るならば、日本語を含むすべての言語がクリオールだったと考えることもできる。

†日本語のルーツ

クリオールは、もとになった言語のどれかに似ているものもあれば、どれにも似ていないものもありうる。もとより、もとになった言語が消滅してしまえば、類似度も比べようがなくなる。日本における近代言語学の創始者と言えるチェンバレン（Basil Hall Chamberlain）は明治期の御雇外国人であったが、琉球諸語と日本語が同系であり、アイヌ語は同系でないということを最初に明らかにした言語学者でもある。

チェンバレンの祖父は探検家で徳之島（鹿児島県）やその西にある硫黄鳥島（沖縄県）などの周辺を江戸後期に調査しているから、チェンバレンがその地域の言語に関心を持つ下地はあったのであろう。なお、硫黄鳥島は琉球王国から中国へ輸出する貴重な鉱物だった硫黄の産地であったが、昭和34年の硫黄岳噴火で現在は無人島になっている。

原始日本語がいくつかの言語の接触により混合したとする蓋然性《がいぜんせい》は小さくないが、どの時期にどのようにということはなかなか明らかにならない。近年、琉球方言の記述的な研究が進むにつれ、琉球方言と日本語本土方言の共通の祖先にあたる「日琉祖語」を立てることも多くなっている。一方で、日本語本土方言にも東西差があり、特に万葉集にも東国方言が出てくること、八丈方言に東国方言の名残が見られることはよく知られている。

そうなると、京都方言からさかのぼることを想定した日本語祖語と、それとは異なる性質を持った東国方言の祖語、琉球方言の祖語などをどういう時系列でどういう関係で考えるかということが日本語の起源を考える前に検討しなければならない問題ということになる。これについて関心のある向きは最近再編集によって刊行された服部四郎『日本祖語の再建』（上野善道補注、岩波書店、2018年）を参照されたい。近年、大和政権は九州北部から移動してきたという説も聞かれるが、それを補強するような考えも示されている。

†近世中国における言語接触

言語接触の別の例として、清朝における言語について少し触れよう。中国の王朝はすべてが漢民族によるものなのではなく、元や清のように漢民族以外がつくった王朝もある。元朝や清朝などの征服王朝のときに現在の中国の範囲を越えて版図を拡大している点は興味深いが、ここでは女真族（いわゆる満州族）の王朝である清朝を取り上げる。

清は1912年まで中国とモンゴルを支配しているが、女真族の言語である満州語はツングース系の言語である。ツングース語族はユーラシア大陸の東部（ロシアから中国にかけての広大な地域）に分布しており、日本語のもとになった北方系の言語はツングース語族であったとも言われる。

古い教科書には、日本語はアルタイ語族だと書いてあるものがあるが、ツングース語族・モンゴル語族・チュルク語族など（シナ・チベット系でもインド系でもないアジアの言語）をまとめてアルタイ語族とする考えに基づいたものだった。アルタイ語族は存在しないという証明もないが、これら3つの語族がアルタイ語族という1つの大語族を形成するという証明もないので、いまではアルタイ語族とは言わない。

さらに、ウラル・アルタイ語族という考えは、印欧系ではないヨーロッパの言語（フィンランド語やエストニア語、ハンガリーのマジャール語など）をウラル語族とし、北極圏に近いユーラシア大陸辺境部の言語を同系としてまとめる見方に基づくが、これも大語族をなすという証明はなく、いまの言語学では使っていない。ともあれ、満州語は中国語とは系統の違う、別の言語だということである。

†国内2言語能勢による統治

清朝の初期は明を滅ぼしながら国内を平定している時期であったが、戦乱期から安定期に入って国体や社会制度を確立しようとすると（実際には版図拡大の戦いは続いていたが）、それまでとは異なる能力資質が必要になる。つまり、統治を実質的に維持するには膨大な事務量が必要で、そのためには能吏（＝有能な役人）が欠かせない。その種の能吏は、科挙の制度を発達させている漢民族に人材が多いから、一から育てるより漢民族を登用した方が早い。

結局、清朝では、皇帝とその周辺こそ満州語を話す女真族が占めるものの、官僚体制の大半をなす人材は中国語を話す漢民族が占めるという状況が生じた。このため、満州語と中国語のあいだで通訳や翻訳をおこなう必要が生じる。

清朝で設置された「内閣」という機関は明朝の内閣を模したものだったが、その実態は翻訳機関の性質を持っていたと言われる。満州語の文字は蒙古文字を改変したもので、漢文と満文の両方に通じている人は限られている。

もしも、皇帝が満州語だけを使い、官僚が中国語だけを使うのであれば、中国語に訳した法令を皇帝はチェックできず、皇帝の考えとして示されたことが中国語で官僚に示されても官僚は正しく訳されているか確かめようがない。こういうときに絶大な権力を持つのは通訳・翻訳を担う人たちである。彼らは皇帝に直接説明し、官僚に直接指示をすることができ、両者を分断したり、恣意的な内容に変更したりすることも、やろうと思えばできてしまう。

第三代皇帝の順治帝のころ、内閣を他機関と統合して設置した内院が人事評価を漢語から満語に翻訳したものに誤訳が多かったため、両言語の文書をそろえて提出し、のちには大学士（学問所に勤務した役人）を助手にして事後決裁する形に変わったという。名君といわれた第四代康熙帝《こうき》（ここでは触れないが今の漢字分類などの基盤となった『康熙字典』の編纂を命じた）は中国語ができ、満州人の官僚も漢語を学んで使いこなせるようになったという。

満州人の政府である以上、実務に必要な漢語が中心を占めるようになっても、満州語を捨てることはできなかった。漢語が中心を占めるようになり、漢民族の官僚に満語を教授したり、試験を課したりしたが、徐々に満語から漢語へのシフトが起こり、清朝末には満語は儀礼に残る程度になってしまった。そして、今や満州語は中国内でも数えるほどしか話者のいない絶滅危惧言語になっているのである（このことは宮崎市定「清朝における国語問題の一面」という論文〔1947年〕に詳しい）。

日本で英語と日本語を公用語にしても日本語は亡《ほろ》びないかもしれないが、それでも、役所では日本語と英語が等しい意味内容を持つように翻訳しなければならない。その作業量は大きな負担になり、意味が異なったときに、英語文書と日本語文書のいずれを優先するかという問題が発生する可能性が高い。細部の翻訳や解釈は実務に携わる能吏が司ることになる。

清朝では、翻訳機関だった内院や内三院が政治の方向性を決めたことがあり、学者に監視をさせると学者が介入してくることになったが、日本でそういう事態にならないという保証はないだろう。

2 語用論の使い方

†言語変化のコントロール

言語政策として、方向性を決めて具体的な手順を含む言語計画を立てれば、言語自体は変化していく。これは、意図的に言語を変化させていることになる。もちろん、変化の実質をどの程度コントロールできるかはやってみないとわからないこともある。

言語学者は表だって政治的なことに関わりたがらないが、これは規範的な態度ではなく、記述的な態度で言語に接するように訓練されているからである。「この表現は間違いだ」と単純に言えるときは問題がないが、正しいかどうかが微妙なことも多いので、一方に決めると「決めつける」ことになり、規範性が強くなる。規範を示すことにも腰が引けているくらいだから、政治的な判断を含む言語政策に関与しようとする言語学者は少ない。

もちろん、言語政策の専門家はいるが、移民政策や多言語共生社会あるいは言語教育に重点があり、言語そのものを研究している言語学者との交流はあまりない。科学的な研究と実務的な政策は接点が少ないが、学術的な知を融合して次の段階へ向かう時期にさしかかっているとも思う。

言語の長期的な管理に深く関わるのは、やはり教育である。その意味では教育に関わる方針や政策は長期的な見通しをもって決める必要がある。戦前の文法教育が論理性と結びつけられ、過剰に文法規則を重視した影響が、その後の日本人の言語観に反映していることはあとで詳しく述べる（第4章）が、教育の恐さはその持続時間の長さにある。10代までに身につけた考え方を80代まで保持していれば60年以上持続することになる。もちろん、自発的に知識を修正したり更新したりする機会はあるが、その必要性に気づかなければ変わらないままである。

「全然正しい」のような肯定に用いる「全然」を誤りとするのは、古い時代の文法教育の刷り込みが修正されていないからで、それが国民全体の気分として日本語に関して正誤がはっきり示せるという感覚を生む。正誤は明晰《めいせき》に区別できるものではないと言われると、答えをすぐに知りたい人は苛立ちを覚えることになる。

†正しさと望ましさのせめぎ合い

さらに手強い問題と言えるのは、正しさと望ましさという異なる2つのレベルの混同である。

「太郎から連絡が来たよ」は、格助詞カラのあとに副助詞（現代語に係り結びはないので、係助詞でなく、副助詞に分類する。とりたて詞とする立場もある）ハを付加できるが、格助詞ガのあとにハを付加することはできない。「太郎からは」は日本語として正しいが、「連絡がは」は日本語の文法規則に違反している。これは正誤や文法規則の問題である。

これに対して、「違和感を感じる」のような表現は、「感」が重複していて稚拙な言い方であり、表現力が高いとは言いがたいが、それでも間違いではない。「違和感を覚える」なら問題がないが、両者の意味を区別して使っている場合はそれを尊重するしかない（詳しい議論は加藤重広『日本人も悩む日本語』朝日新聞出版、に譲る）。重複を誤りとみると、「病院に入院する」や「大学に入学する」なども使えなくなってしまう。これらは、望ましくない表現ではあっても誤りではないのである。

高校までは、母語である日本語に関して正しさと望ましさを区別することを教えないのが普通だろう。言語学では、文法規則としての「正しさ」を扱うのは形態論や統語論であるが、「望ましさ」を扱うのは語用論、あるいは文体論や社会言語学・応用言語学になるので、異なるレベルの現象と見る。

正しさは場面や意図で変わったりしないが、望ましさは場面や意図など種々の要因で変動しうるものだ。たとえば、「連絡がは」が正しくなる場面や状況はないが、「違和感を感じる」は場面や状況によって望ましさの判断が異なる。公式会見で大臣が発言したら批判が出るかもしれないが、友達とのおしゃべりで相手が使ってもとがめ立てする人は少ないだろう。

いまは言語学の研究者よりも、一般の人の方が規範を強く意識することが多くなり、正誤を厳然と判断しようとする傾向が強い。文法と論理を重ね合わせて正しさを強調しすぎた教育の影響が根強く残っているせいなのではないかと思ってしまう。他者の誤用をあげつらうのは、自分の方がものを知っているというマウンティングなのだという人もいるが、すべてがそうではあるまい。

誤用を減らすことが世のためと信じ込んでいる人も少なくないのである。文法的適格性を扱う統語論と違って、望ましさや受容度を考える語用論は、ことばの「遊び」の部分を担当すると考えてもいい。コミュニケーションは、メッセージの厳密な解釈だけでできているわけではないからである。

†私たちの会話は「推意」で進む

語用論のもとになったpragmaticsは、チャールズ・モリス（1901—79）という言語哲学者が1930年代に提唱した名称で、記号論の一分野として記号と解釈者の関係を扱うものとした。1960年代にポール・グライスが現れ、発話における文には、文字通りの意味と文脈を使って引き出す意味があることと、会話をおこなう人間が従う「協調原理」によって会話が成立すること、などを主張した。

文から引き出す方の意味はimplicatureと呼ばれ、「推意」と訳されている。グライスまでは哲学的な研究のなかで語用論の研究も進められていたが、1970年代には言語学でも扱うようになり、1980年代から本格化した。言語学の諸分野のなかでも最も若いと言っていいだろう。

「明日、Xっていう映画を見に行かない？」という疑問文には、イエスかノーかで答えられるが、「今週いっぱいは忙しいんだよ」「あの映画、ずいぶん話題になっているね」など、私たちはイエスでもノーでもない応答をすることがよくある。「今週いっぱい忙しい」なら「明日は、一緒に映画に行かない」ということが推測できるし、「ずいぶん話題になっている」というなら「明日、一緒に映画に行く」ということが推測できる。これでも会話は成立しているのである。「今週いっぱいは忙しい」は普通なら「（だから）映画に行っている余裕はない」と解釈できるが、「忙しいけど、話題の映画だからなんとか時間を作って見に行きたい」となることもある。

このように、推意は絶対に成立するというものではなく、場合によって、引き出した推意が成立しなかったり、取り消されたりすることがある点が、画期的に異なる。このことは私たちがあまり表面的な論理性を保って会話をしているわけではないこと、絶対成立するわけではないが成立すると見込まれる解釈を推意として引き出したり、ときにはそれが取り消されて別の解釈をしてみたり、と、よく言えば柔軟な、悪く言えば無計画なやりとりをしていることを、再認識させてくれる。非常に人間的な部分といっていいだろう。

解釈の変更や取り消しだけでなく、私たちは言い間違いをしたり、誤解を招く表現を使ったりすることも多い。それでも、相手の言おうとしていることは、だいたい理解できるものだ。もちろん、よくわからなくて、どういう意味なのか確認することもあるが、間違った表現のままでも理解できることがある。

†誤用でも通じさせる「合理性の原則」

だいたい私たちは必ずしも文法的に正しい表現だけを使っているわけではなく、単純な言い間違いや思い違いも含めて、文法的な誤りや不適切さのある文を結構使っているものである。

動画や音声で記録されたものから探すのは大変だが、いまは国会会議録（衆参両院の本会議と委員会）がウェブサイトで公開されている。これは、おおむね議員などの口頭での発言の記録であり、実際の日本語運用の記録でもある。これらを見ると、文法的な誤りが結構多い。

国会議員が公的な場で品位ある言い方をしようとして不自然になる例も見られるが、この種の誤りは、多くの日本語話者がしてしまうようなもので、議員だから多いというわけではないと思う。問題は、どうして「正しい日本語」を適切に使っていなくてもおおよそコミュニケーションが成立するのか、ということだが、話者が不十分な表現をしても通じる以上聞いているほうがなんとかしていると考えるしかない。

これは、合理性の原則などということがあるが、私たちは、内容が難しかったりわかりにくかったりすることがあっても、話し手は理解可能な内容を話しているという信頼を持って聞いているのである。つまり伝達である以上、伝達内容には合理性があるはずだという前提に立っているから、なんとか読み取るべき意味をつかみ取ろうとするわけだ。信義がなければコミュニケーションはできないとすると言い過ぎかもしれないが、私たちのやりとりの基盤に「相手はつじつまの合うことを言っているはずだ」という思いがあるから、間違いや不備があっても修正したり補足したりしながら理解できるのである。

†「伝えたい内容」を重視する語用論

語用論は、このように言語形式よりも伝えたい内容のほうに重点を置く研究であるが、その背後には人間が理解や感情を共有しようとする生き物だという認識があるためである。発達心理学でいう「共同注意」（joint attention）は、相手と同じものに注意を払うことを原型として指し、認知言語学にも取り込まれているが、人間が言語習得以前から身につけている能力だとされる。

たとえば、1歳くらいで子供は単語一語だけからなる文（文の形をしていないが発話の1つの単位なので、「一語文」という）を使うようになるが、養育者が見るものの方向を見ようとする行為は生後数週間で見られるという。このように同じものに視線を合わせて注意を共有しようとする行為は共同注意の現れで、まだことばが使えない時期から獲得している能力だというのである。

私たちはもらい泣きをすることがあるが、これは他者と感情を共有する共感現象と見ることができる。もちろん、対立する相手には共感しないのが普通だし、常に他者に共感するとは限らない。しかし、他者の考えや心理状態を理解していることはコミュニケーションをうまく進める上で重要である。洗脳などの特殊な状況下を除けば、人間は他人の心を完全に支配することはできないが、どうすれば他者が怒るか喜ぶか、理解できるか理解できないかなど反応をある程度予測することはできる。

そして、相手の反応を予測して伝える内容や伝え方を調整したり、コントロールしたりすることは可能だ。共同注意も共感形成も他者の心理状態を理解しておこなうものであるとすれば、その中の言語に関する部分を語用論が担当することになる。

†発達障害と言語学

かつて自閉症（autism）として一括していたものを現在では自閉スペクトラム症（autistic spectrum disorder）、略してASDと呼ぶようになっている。これは単なる名称の変更ではなく、自閉傾向というような段階的・連続的なもの（スペクトラム）と考えるように変化してきたことを反映している。とは言え、どこかに境界線を引く必要はあるので、判定に用いるテストではある点数以上を顕著なASDとするなど便宜上区分する方法は立てている。

通常型（カナル型）のASDでは言語発達にも遅れが見られるので学齢期までに周りの大人が気づいて診断がなされることが多いが、近年、取り上げられることが多いアスペルガー症候群（以前は高機能自閉症に分類されることもあった）は、言語発達に目立った遅滞がないので見過ごされることが多かった。

「高機能」という言い方は、言語発達が相対的に遅く言語表現もあまり得意でないカナル型に比べると、言語発達に特に遅れがなく言語表現能力も健常者と変わりないことを踏まえたものだが、ＡＳＤの人がときに持っている並外れた記憶力や計算能力の印象とも合致する。アカデミー賞作品『レインマン』ではダスティン・ホフマン演じる主人公のレイモンドが電話帳の名前と番号を順番に記憶していることや瞬時認知の能力を持っていることも描かれている。

言語能力を文法能力と語用能力に分けることがあるが、ＡＳＤの人はこれまで語用能力の障害と位置づけることが多かった。これは、文法的に正しい文を作り出す文法能力に特に問題がなく、コミュニケーションに関する問題を抱えている点を重視した捉え方である。

†会話と交感機能

たとえば、午後の浅い時間に知り合いに会って、「今日のお昼ご飯はどこで食べたの?」と聞かれたとき、一般的には「家で簡単に済ませたよ」「母親と近くのレストランでランチを食べてきた」のように答えることが考えられるが、ＡＳＤ児では「テーブルで食べた」のように答えることが珍しくないのだという。

昼食の内容や場所を尋ねるのは、会話を開始する話題として適切だからに過ぎない。別段、詳細なメニューやレストランの場所を言う必要はなく、そこから会話が展開すればよいだけのことなので、「よくお母さんと外食するの?」「お昼は家で食べることが多いの」などと話題を広げていければ十分なのである。

自宅であれ、外食であれ、テーブルの上に食べ物をおいて食べるのはごく当たり前のことで、ここから話題を転換させるのは難しい。話が続けられる程度の話題を供給するのはコミュニケーションにおける相手の心理を私たちが理解しているからである。しかし、ASDではコミュニケーションへの志向性が欠如しているとされる。それは他者の心理状態を理解する必要があると感じないということでもある。とすれば、「語用能力の障害」とする定義はあまり適切とは言えなくなる。必要だと思わない能力を習得したり発達させたりしないのが障害であるというより、そのような初期設定になっているとみたほうがわかりやすい。

昼食の場所を尋ねるのは、正確にその場所が知りたいのではなく、その回答をきっかけに会話を発展させることで、よりよい人間関係をつくるためである。言語と文化の関係を扱う人類言語学などでは、コミュニケーションの下地となる人間関係の構築に役立つ効果を言語の交感機能(phatic communion)という。たとえば、挨拶が典型例だ。挨拶はどの言語でも本来の文字通りの意味を表すことは少なくなり、場面にふさわしいセリフのようなものになっていることが多い。これはまさに交感機能が前面に出て本来の意味伝達が後退しているためである。

相手の発話の意図を正確に理解することと「推意」を引き出すことは連動している。発話の表面的な文字通りの意味だけをそのまま理解すればよいわけではなく、秘められた意味を引き出せればコミュニケーションは効率的に進むからである。意図や真意をすべてそのまま言語化すれば間違いは少なくなるが、発話の言語量は多くなる。わかっていることは説明する必要がないし、言語化すれば解釈にぶれがなくなることもあるものの、逆に誤解が生じる可能性もある。推意を適切に引き出すのがもっとも効率がよく、逆に誤解も少ないと考えられるからである。

推意を引き出すことが苦手であれば、ことばの表層的な意味に強く反応することになる。「今日のお昼はどこで食べたの?」に対する「テーブル」といった回答がその一例だが、ASDでことばの表層的な意味ばかりを解釈しようとする傾向を「文字拘泥」という。文字と言っても書きことばではなく、文字通りの表層的な意味のことで、推意や話者の真意がわからないため、たとえ話や比喩を文字通りに理解しようとするのである。

†心の理論と言語学

　自閉スペクトラム症研究で著名なバロン＝コーエンは、「心の理論」（theory of mind）で以上のことを説明しようとした。私たちがうまくコミュニケーションを成立させるには、相手の心的状態（何を知っているか、知らないか、何を求めているかなど）を理解している必要があるというのである。

　この考えの前提には、自分と他者（家族などの近い人でも自分でない人はすべて他者である）の知識や考えが同一とは限らないという認識がある。自分だけが窓から外を見ていて雨が降り出したことに気づいても、窓のない部屋にいる家族はいかに以心伝心の関係であろうと、雨が降り出したことは知らないはずだ。しかし、今朝いっしょにテレビで見たニュースについてはともに知っているはずだ。

　このように、共有している知識とそうでないものがあること、自分と他者の考え（belief）に違いがあることを踏まえて、私たちがコミュニケーションをおこなうしくみを心の理論で提唱したのがバロン＝コーエンである。「……って知ってる？」などと会話の最初に尋ねるのは相手の知識状態を確認するための調整行為であり、知識状態の初期値を確認しておかないと相手が知っていることを語ってしまったり、相手が知らないことを説明せずに話を展開させたり、コミュニケーション上のトラブルが生じてしまう。

心の理論では、他者信念の違いの理解を調べるために誤信念課題を使うことがある。たとえば、「太郎と花子が遊んでいます。花子はおもちゃ箱に人形を入れて公園に出かけました。その間に太郎は人形をおもちゃ箱から出して引き出しにしまいました。そこに花子が帰ってきて人形で遊ぼうとしました。さて花子はどこを探すでしょうか」といったものである。

他者の考えが自分と違うことがわからないと、自分が知っていることは他人も知っていると思ってしまうが、自分だけしか知らないことや他者だけしか知らないこともある。この課題文を聞いた人は、太郎同様に本当の人形のありかを知っているが、花子は見ていないので知らない。自分が知っていても花子は知らないので、実際には人形がないおもちゃ箱を探すだろうと推測する。だいたい4歳半くらいから正しく推測できる子供が増えて、学齢期にはほとんどの子供が正しく推測できるが、ASD児では学齢期でも正しく推測できないことが多いという。

ことばを話し始めたばかりの子供は「ただいま」と帰ってきた家族に「ただいま」と応じることがあるが、これは発話する人の立場や視点で発話が切り替わることをうまく習得できていないからだ。視点の切り替えや相手の立場の理解などは、成長とともに身につくが、ＡＳＤではその習得が遅れ、またアスペルガー症候群など言語発達に遅れが見られない場合でも、苦手なのだという。

このため、人の気持ちがわからないとか冷たいとか、嫌なやつだなどと言われて人間関係で苦労することがあるというが、これは別段悪意があってのことではなく、認知上の初期設定の違いということになる。このことを理解すれば周囲の反応がすべて変わって寛大に接してくれるとは限らないが、少なくとも事実を説明しておくことが役に立つこともあるだろう。

†なぜ異性のことを理解しにくいか

バロン＝コーエンの最近の研究では、男性に体系化・規則化を好む傾向が強く、女性に共感化を好む傾向が強いことを踏まえて、ＡＳＤは脳が過剰に男性化した状態だとしている。ある疫学的調査によると、ＡＳＤは男性の方が女性の４・３倍だというが、これはまだ自閉スペクトラム症として連続的な分布を想定する以前の調査も含まれているようなので、参考値にしかならない。

ただ、周囲を見回してみると、女性の方がコミュニケーションが上手で男性の方にコミュニケーションが下手な人が多いと言われている状況もあるようで、それと合致するところはある。テーブルや机の上のものの配置を決めたとおりにしないと気が済まないという人も男性に多いようだ。男女のコミュニケーション志向の違いを象徴的に語る例として「車の故障をめぐるけんか」の話が知られている。

ある女性が1人で車を運転しているときに、山道で車が故障して止まってしまい、どうしたらいいかわからず困ったこと、JAFを呼んで家に帰るまで時間がかかったことをボーイフレンドに話したところ、彼が故障した原因として考えられることをいくつか挙げ、それを回避するために何をしておくべきかを話し出したら、彼女が怒り出してけんかになった、というものだ。

女性は「大変だったね」と共感してもらうことを求めているのに、男性は事実の分析と体系的理解を優先してしまったのである。それほど極端なことはあまり起きないかもしれないが、女性と男性との間にある志向性のずれはどこにでも見られるだろう。

以上を踏まえると、ASDの場合は、他者をよく見ていないのではないかと思うかもしれないが必ずしもそうではないようである。松井智子氏の最近の研究成果では、話をする大人が信用できるかどうかをよく見ていて判断する能力は幼い子供にもあり、その見極めの能力はASD児も健常児も差がないのだという。また、観察からASDの人は方言を話さないとする主張も聞かれる（松本敏治『自閉症は津軽弁を話さない』）が、言語学的に方言量をはかる基準が定められているわけではなく、計量的な分析があるわけでもない。

しかし、ＡＳＤの人は、「……よね」「……ね」のように他者に働きかける終助詞（伝達のモダリティを担うもの）の使用比率が低いという報告はあるので、方言特有の文末詞（終助詞以外に助動詞も含む）の使用比率が低い可能性はあり、それが方言を話さないように見えるのではないかと考えることができる。東北などの「べ」や九州の「たい」「ばい」など、文末詞に方言らしさが現れるからである。

3　男ことば女ことばとキャラクター

†ジェンダーとことばづかい

ことばの性差についての考え方も変容が見られる。江戸時代までは、女ことばと男ことばを規範的に区分するようなことはなかったが、それでも女性のほうが相対的に品のよい言い方をしており、男性のほうに乱暴なことばづかいが多かったとは言えそうだ。

武士階級の男性は幼少時から漢文の習得が必須で漢籍の知識があったこと、宮廷の女房ことばの流れをくむ武家の女性のことばづかいは行儀見習いに出る女性を介して町人階層にも浸透したことから考えると、男性と女性とで大まかにことばづかいの違いはあったろうが、自然発生的なものでしかなかった。

明治になってhousewifeの翻訳から「主婦」ということばが登場するまで日本にそういった特定の概念はなかったと言われるが、男子と女子を分けて教育することが近代の教育政策のなかで確立したと考えていいだろう。「良妻賢母」といったプロトタイプを掲げる教育は終戦まで続き、それ以降もゆるやかに続いた。

中村桃子氏は、女ことばは近代イデオロギーの産物だとしているが（中村桃子『「女ことば」はつくられる』2007年、ひつじ書房）、戦前の女性が女らしさと女ことばを社会的に強制されていたと単純に言い切れるかどうかは別にして、確かにそういう面もあるだろう。

小津安二郎の映画に登場する女性は、「……ですのよ」「……していらして」「……するわ」などいかにも女性的な話体を用いる。これは、戦後になっても続き、おそらく1960年代がこうした女性ことばのピークで、それ以降は衰退したと言えそうだ。

初期の社会言語学では、英語が性差の少ない言語であるのに対して、それ以外の言語では性差が現れることがよく取り上げられ、日本語も性差のある言語として言及されていた。英語では小説の会話体だけを見ていると、いずれが男性でいずれが女性なのか判断しにくい（ただし、発音におけるイントネーションでは差があるとされる）という。

フランス語などロマンス系の言語では、名詞に性があり、それに形容詞を一致させるので、話者の性（この性は社会的性としてのジェンダーのほうだ）が判断できないことはない。「学生」は男性なら étudiant「エテュディアン」で女性なら étudiante「エテュディアント」のように発音が異なり、「私は幸せだ」というときも形容詞は heureux「ウル」という男性形と heureuse「ウルズ」という女性形を使い分ける。タイ語も男性と女性で文末詞が異なるから、発話を聞けば話者のジェンダーがわかるようになっている。

こういった事例を見ると、英語は性別の表示をしない言語のように感じるが、複合語では -man で終わるものが多く、性別が表示されてしまうことが多かった。いまは、中立表現として性別を消す方向に言い換えが進んでいる。

†女性は「僕」や「俺」を本当に使わないか

日本語の社会言語学でも、男性と女性のことばの差異として、自称詞と話体（主に文末詞の「わ」などのたぐい）を取り上げることが多かった。「私」は女性だけでなく男性も用いるが、「僕」や「俺」は男性のみが用いる自称詞であるとされ、なかには、女性には自称詞に選択肢がないが、男性には選択肢があるとしたものもあった。

この種のことは、やや時間をおいて海外の言語学書でも引用されるので、今でも出回っている社会言語学や一般言語学の概説書（英文のもの）を読むと、日本語が女性の自由を制限し、男性に特権的自由を与えているかのような印象を抱かせるものがある。なかには、「あたし」は女性のみが使い、男性は使わないと記しているものもある（ちなみに筆者は生物学的に男だが「あたし」を使うことがある）。

一方、文末詞については、「よ」「ね」「わ」などを挙げて、女性のみが「わ」を使用できるとするが、これは女性の選択肢の方が多くて、男性の選択肢が少なく自由が制限されているとは書かれていない。女性が不当に自由を制限されているという結論が先にあるのかもしれないが、自称詞の選択肢が少ないことが女性の言語的自由を狭めていると日本語の使用者が感じるのかどうかをまず調べた方がいい。また、そもそも女性は「僕」や「俺」を使わないのかという根本的な問題がある。

「オレ」は実は各地の方言にある「オラ」「ウラ」と同系で、山形をはじめ女性の自称詞として「オレ」を使う地域はある。「オラ」の「ラ」は複数の接尾辞で「オレら」の縮約に由来するという考えもある。「オイラ」などをイ音便と見れば、信憑性もあるが、証明はされていない。

「ボク」は「下僕」の「僕」だから、本来は「家来・臣下」の意で、漢籍にはもともと用例があった。それを使い始めたのは、江戸後期の若い士族だったと考えられている。その

「僕」を江戸末期に新撰組の隊士らが使って広まり、明治に入って書生たちが使うようになって、若い男性の一般的な自称詞になったと言われる。日本語史のなかでは二世紀に満たない歴史しかない新しい自称詞である。

これらの自称詞について、一定以上の年齢層の女性は使わないし、使ったことがないと答えるが、若年層になるに従って使用比率が高くなることがわかっている。漫画やライトノベルのなかで若い女性の主人公が使うことには違和感のない人が多いだろうが、現実世界でも使われているのである。これについては、東京郊外の公立中学校で長く参与観察をした結果報告を含む論文がある（宮崎あゆみ「日本の中学生のジェンダー――一人称を巡るメタ語用的解釈」『社会言語科学』19－1）。

†ウェブ時代のジェンダーことば

SNSなどのウェブ空間のなかでは、普段使わない自称詞を使うことがあり、そこではジェンダーの交錯が見られる。面白さを求めて逸脱的に表現することもあれば、ある種のキャラクターを演じるかのように自称詞や文末詞を使い分けることもあるからだ。対面のやりとりではない電子的なコミュニケーションでは、現実の自分から逸脱したり、別の人格を装ったりすることが容易だからでもあるだろう。中年男性が「あちき」を使っても、若年女性が「拙者」を使っても、そういうキャラクターだと受け止められるだろうが、対面の話しことばで同じように使うわけではない。

1990年代に東京都心部の中高生の自称詞を調べた調査では、「僕」を使うことがある女子生徒の比率は1割から2割だったが、まだ携帯電話も普及していない時期なので、口頭か仲間内の書きことばなのかはわからなかった。当時でも、大人は女子中学生が「僕」というのを聞いたことがないなどという反応だったが、仲間内でしか使わなければ、大人からは見えないままになってしまう。

その点、前掲の宮崎論文では、実際の学校生活を長く観察しているので、「僕」や「俺」を使うのは特定の女子生徒であること、そういった自称詞を使う理由や考え（おおむね自己イメージと結びついている）があること、男子生徒の自称詞についても評価を持っていること、などがわかる。興味深いのは、男子の「僕」は弱々しいと見ていることだ。この時期は思春期でもあり、自己アイデンティティの確立の時期でもあるから、逸脱的な使用や別のキャラクターを試みることがあってもそれほど不思議なことではない。多くの場合、こういった女子生徒も社会人になる前に「俺」や「僕」はあまり使わなくなるのだろうと思うが、若年層の女性が公的な場面でも広く「僕」を使うようになれば大きな社会変化ということになる。

†キャラクターとことばづかい

女子生徒が「俺」を使うときは、ある種のキャラクターを演じているか、「俺」を使う自分というアイデンティティを形成しているか、おおむねどちらかだろうが、キャラクターとことばづかいにはかなり連関性がある。

ダニエル・キイスのノンフィクション『24人のビリー・ミリガン』は有名な作品だが、ビリーの別人格として登場する人物の中にはイギリス英語を話す者やスラブ訛《なま》りの英語を話す者もいて、それが人格の独立性に説得力を持たせている。ビリー個人の肉体の中に複数の人格がいて、それが話し方やふるまいを含むことばづかいだけで成立していたのであるから、この点だけを見てもことばと人格が強く結びつくことがわかる。

いわゆる小津映画のヒロインが使うような女ことばを現在の若年層から中年層はあまり使わなくなっている。19世紀末以降の女ことばのピークが20世紀半ばにかけて訪れたとしても、それ以降は衰退してしまったと見ることができる。日本語も英語のように、性差のないことばづかいに近づいて来ているわけである。一般にことばのユニセクス化とも言うが、その実態は、女性特有の話し方が減り、大きな変化のない男性の話し方と非常に近くなってしまったということである。

結果的に女優の原節子が使ったような話し方は現実はあまり存在しないものになり、漫画やアニメの中で深窓の令嬢やセレブの女性を戯画的に表す話体になっている。この種のことばを金水敏氏は「役割語」と呼んでいる（金水敏『ヴァーチャル日本語 役割語の謎』2003年、岩波書店）。キャラクターとしての役割を象徴的に表すことばづかいで、現実にはそういう言い方をするかどうかは関係がなく、むしろリアルでない方が面白いとさえ言える。

例えば、「あの人、来るあるよ」などというのは謎の中国人というキャラクター、「わしはそんなことはせんのじゃ」は博士というキャラクター、の言い方とされる。「わし」や「じゃ」は山陽地域では使う方言形式だが、アニメのなかの博士のセリフでよく用いられる。昔の国語学の教科書には、これらを老人語として挙げているものがあったので、物知りの年長者のことばづかいというイメージは古くからあったのだろう。

これらは、まったく理由もなく役割語になったのではなく、ある一時期にはそういう話し方をした人物がいたのだろうが、それを強調してデフォルメした結果、小説や映画、落語、漫画、アニメなどを通じてイメージが定着し、強められたのだろう。さらに近年は、ゲームやアニメの登場人物が決まった文末表現を多用することで、キャラクターの違いを際立たせたる手法も用いられている。こうなると、もう現実に存在しない話し方でもよいことになる。

†役割語の誕生

役割語に相当するものは、漫画作品の広がりに伴って拡大し、目立つようになったが、もともとそれ以前から存在している。例えば、落語に存在する方言がその例にあたる。江戸落語に登場する田舎者が話すことばは「板」を「いだ」と発音したり、文末に「べ」を付けたりするような東北方言をベースにしているが、それ以外にも形容詞や動詞に直接「だ」をつける言い方「寒いだ」「帰るだ」「知らないだ」が混ざったり、「だ」「のだ」を「じゃ」「のじゃ」とする言い方を使ったりする。

用言に付加される「だ」は長野・山梨・静岡などの方言（まとめてナヤシ方言とも言う）の特徴であり、「じゃ」は近畿より西に広く分布している。否定形も東日本の「言わない」と西日本の「言わん」が混在することがある。こういった混合方言は、もちろん実在していないが、場所を特定しないで使える架空の方言として多くの人がイメージを共有している。役割語「なんちゃって方言」の誕生である。

この種の架空の方言は、昔話のアニメの登場人物が使うことでも浸透した。昔話は、「むかしむかしあるところ」の話であることが多く、特定の土地に限定されないから、架空の方言のほうが都合がよかったのだろう。

1980年代前半に流行した吉幾三『俺《お》ら東京さ行ぐだ』では津軽方言を交ぜてご当地色を出しているが、実際には「行く」という動詞に「だ」を付す「行くだ」のような言い方を津軽弁ではしない。これは、ナヤシ方言域で使われるもので、架空方言として強くイメージが定着していたものを使ったのだろう。

津軽方言ではこういうとき「行く」だけで文を終えるか、何か付すとしても「行くじゃ」(=行くよ)や「行くはんで」(=行くから)くらいになる。しかし、「じゃ」や「はんで」は他地域の人にはわかりにくく、「行く」で終わると方言色が弱い。知名度の高い「べ」を付けると、勧誘の意味になり、自分の意志を宣言する意味にならない。津軽方言としてのリアルさよりも、一般的な方言らしさの演出を選んだのではないだろうか。

よく、その土地の方言を知らないから、別の土地の方言を交ぜて使うのだと批判されることがあるが、よく知っている方言でも、現実には使わない言い回しでも、役割語としての方言であれば、使われることがあるのだ。

役割語はキャラクターを作ったり演じたりするためにことばを象徴的に使う方法であるが、裏返してみれば、キャラクターが決まるとそれに似つかわしいことばづかいをしなければならない、という面もある。私たちの現実生活における人間関係においても、まとめ役やリーダー、ヒーローやヒロイン、トラブルメイカーにトリックスター、熱血漢にご意見番など、ある程度キャラクター（キャラ）の分担が生じることがある。

職場では別の業務分担があるので、キャラまで分担しなくてもよいことが多いが、似たような属性の人物が集まっているときには、同じキャラばかりだと面白くないので、キャラがかぶらないように自然に分担が生じることがある。

同じような属性の人間が集まる場の典型は学校である。大学のように、人数が多かったりクラスの結びつきがあまり強くなかったりするところでは生じにくいこともあるが、中学や高校のような場ではキャラクターの分化が自然に生じてしまうことも珍しくない。それが上下関係と連動してしまうと、朝井リョウ『桐島、部活やめるってよ』などに見られるスクール・カーストになり、そのキャラクターと役割語としてのことばづかいや話体が結びつく可能性がある。

どの場面でも、冷静沈着なリーダーというキャラクターをになう人は、それが本質的な人格や志向性と結びついている可能性があるが、場面ごとに異なっている可能性もある。クラスでは地味で目立たない人物だが、サークルでは熱血漢で積極的にアイディアを出すトリックスター、バイト先では全体をとりまとめる有能なリーダー、といった別々のキャラクターを担当するのだとしたら、話し方の使い分けも必要であり、器用さがなければならないだろう。

前述の東京郊外の中学校での参与観察では、「俺」を使う女子生徒は「僕」を使う男子生徒を「弱っちくて気色悪い」などと評することがあったようだが、これは男子生徒本人の認識や周囲の見立てと一致しているのかはわからない。それでも、キャラクターという本来複雑で、なかなかな簡単には説明できないものを、役割語的な見立てで過度に単純化して、象徴的に区分している可能性はある。

こうなると社会言語学の扱える範囲を超えてしまうので、社会学や心理学、教育学、人類学など、いくつかの領域の専門家が関わって研究していくべきテーマになる。

4 言語学はどこに向かうのか

†わかりやすさと専門用語

主に国立国語研究所などが中心になってわかりにくい外来語をわかりやすい表現に置き換えようというプロジェクトが行われたことがあった。これは、語彙論のなかでも受容度や理解度を踏まえて実践的な提案を目指したものなので、社会貢献型の研究と言うことができる。

「インフォームド・コンセント」のような用語は、医療関係者が理解していても、患者の側が理解していなければ十分に用をなすものにならないが、患者に高齢者が多く、この表現は初級英語レベルではないので、説明は辞書の語義記述のようになってしまいがちだ。「インフォームド」は「十分に情報を与えられていること、きちんと説明を受けていること」を指し、もう少し踏み込むなら、患者が自分で判断できるだけの情報や知識を持っている状態を意味している。その状態で、「同意」することが、インフォームド・コンセントであるが、これは1つの名詞句にまとめることが難しい。「説明を十分に受けた上での同意」なので「説明と同意」とした案もあったが、これでは、単に説明を済ませて同意書をとればよいようで、安易な印象を与えると言う人もいる。

プロジェクトの中で提案された「納得診療」は秀逸でわかりやすいという評価もあったが、インフォームド・コンセントは重大な決断を必要とする手術や治療法の選択などに際して必要になるものであり、「診療」というよりは「治療法選択（への同意）」であって、適切でないという意見が医療現場から出たそうである。

確かに、リスクが全くなくて完治する治療法があればインフォームド・コンセントは問題にならない。問題になる場面では、いずれの方法にもリスクがあり、さまざまな可能性があるので、患者が「納得」できるかというと、そこまで行かないことが多いだろう。結局、インフォームド・コンセントを説明するところから始めることになってしまうのだとも言う。

†「……的な」というカプセル表現

語彙や表現といった可視化しやすいものの研究は、わかりやすいかもしれないが、気づきにくい変化や現象の中にも言語学が対象にすべきテーマがある。

例えば、「的」という接尾辞は名詞について形容動詞の語幹をつくる機能を持っていて、「官僚」という名詞について「官僚的」という形容動詞語幹をつくる。しかし、しばらく前から、台詞や発話引用に「的」を付ける言い方が聞かれるようになっている。例えば、「説明を聞いた人がみんな、『こんなの、無理じゃね？』的な顔してて……」のような使い方だ。

これは、「的」の前が普通の名詞句ではなく発話の引用（厳密には、心内文など思っているだけで実際に発話していないことが多い）になっているだけで、形容動詞相当の表現をつくっていることは本来の用法と変わりがない。さらに後ろの名詞句が脱落して、「なんだかさ、『自分の責任を人に押しつけるのか』的な……」のように、なることもある。

引用されるとその全体が名詞句扱いされる現象は日本語以外でも見られるが、品詞性の変化は重要なポイントだ。また、形容動詞の連体形だけで終わり、後ろに名詞が現れないなんて変だと考える人もあろうが、「そんな馬鹿な！」などはよく使われる表現で形容動詞の連体形だけで終わっている。「そんな馬鹿だ」と終止形にするほうが違和感が強いのではなかろうか。「だ」や「じゃ・や」ではなく、「な」を終止形のように使うやり方は四国方言などにも見られるので、それほど珍しいことではない。

興味深いのは、「こんなの、無理じゃね？」と面と向かって言うのではなく、「的な」を付すことでオブラートに包むような言い方になっていることである。「こんなの、無理じゃね？」はある意味で感情的で情緒的な表現であり、これをそのまま相手に投げつけると、罵倒《ばとう》や反論になりかねない。誰しも自分の心の中は他人に踏み込まれたくない神聖な領域であり、そこから出てきた感情や思いは真実を表しているが、そのまま口にすると問題になるので、冷静に間接化して「的な」をつけると言ってもいい。

私は、カプセル化するようなものだと説明しているが、生ものや汚物をそのまま相手に投げつけるわけにはいかないが、容器に密閉してしまえば、直接影響が及ぶことは回避できる。本音を語りながら、その直情をぶつけない方策ということができる。個人的には、1人で複数の人物を演じ分ける落語のような一人語りの言語文化が日本語の根底にあるので、こういったやや演技じみた表現技法が発達してきたのではないかと考えているが、それは別の機会に譲ろう。

†人類学や進化学的視点からの言語学

いま日本語に限らず言語データの電子化とその蓄積によるコーパス構築が進んでいる。大言語（第1章参照）は今後コーパスの種類が増えてさまざまな角度からの分析がしやすくなるだろう。いまは、文字化した電子データが主だが、発話のイントネーションや間がわかる音声データが連動していたり、前後の文脈がわかりやすく注記（アノテーションという）になって付随していたり、今後分析が多層化していくことが期待できる。

コーパスは、理論言語学でいう外的言語（E-language）にあたるから、そこから、内的言語（I-language）としての言語規則・言語知識が明らかになるのであれば、言語研究全体に貢献ができるだろう。いまの理論言語学は、進化言語学あるいは生物言語学といった領域に拡大しつつあるが、これは、どの言語にも共通する普遍文法のような基盤があるなら、それに合うような発展や進化が見られるはずだという考え方に基づいている。

そして、人類学や人類史・考古学の研究成果によって、言語学も旧来の知見を検証すべき時期に来ている。以前は、ネアンデルタール人は、喉頭《こうとう》（声帯などがあるチューブ状の器官）の位置が高く、咽頭《いんとう》という空間が狭いので、現生人類ほど細かく発音し分けることができず、言語は発達していなかっただろうと言われていた。

その後の研究成果から、ネアンデルタール人も抽象的な思考ができたはずで、原始的な言語は持っていたのではないかという方向に転換してきている。骨格から細かな言語音を出し分けることはできなかったという事実は揺らがないかもしれないが、それでも、原始的な言語を使っていることに矛盾はない。加えて、ネアンデルタール人は個々の身体能力が高かったので、集団で協力して狩りをするケースが少なく、それが言語の高度化を必要としなかったとも考えられている。

一方、身体能力の高くなかった現生人類は、狩りなどの作業に協力が不可欠で、事前に細かな相談を要するところから言語が発達したのだと考えることができる。咽頭が狭いのはチンパンジーやオランウータンなどの類人猿も同じで、これらの動物が手話や文字言語は習得でき、言語のような記号概念の操作が可能な知能を持つことはわかっているが、結局音声言語は習得できないのである。音声産出能力との関係は今後もう少し細かに見ていくべきテーマになるかもしれない。

現生人類は、1歳になると喉頭が下がって細かな音声が発音し分けられるようになる。乳幼児は細かな音の違いを識別できるが、使わない区別は徐々に衰退して、使う能力だけが残存するしくみなのだといまは考えられている。

†出生前からの言語習得という新地平

しかも、B・マンプら（2009年）の論文（Current Biology 19〈23〉, pp.1994-97）では、フランス語を話す環境で生まれてくる乳児は、生まれてすぐの泣き声がフランス語の抑揚と一致するそうで、これは、胎内にいる時点で音調やメロディーを習得する能力があり、それが音の識別能力も含めて、生まれてから一定期間に衰退していくことを示している（この話は、チョムスキーほか『チョムスキー言語学講義』筑摩書房、でも冒頭で紹介されている）。

言語習得が出生前から始まっているということは以前の言語学ならほとんど考えなかったかもしれない。まったく白紙の状態（ラテン語でタブラ・ラサという）で生まれてきてその後学習していくことで言語能力を構築するとする経験主義に対抗する合理主義としては、人間は言語を習得する能力を持って生まれてくるとするだけであった。出生後の違いだけで対立軸が描けたから、胎内にいる期間は議論の対象として考慮に入れていなかったのである。しかし、新しい知見が新しいテーマや領域をいまも切り拓いているところが、言語学らしいとも感じる。

言語能力や習得能力は遺伝しても、言語そのものは遺伝しないので、遺伝子の系譜が明らかになっても、それがそのまま言語の系譜になるわけではないが、どの地域の民族集団がどこへ移動していったかが詳細にわかれば、新しい知見がもたらされるかもしれない。

これまでの歴史言語学で扱う範囲はおおむね5000年ほどであるが、それは言語のみから変化の法則性を導き出し、言語接触や物理的状況も勘案して系譜や祖語を推定するからである。つまり、古くなればなるほど、純粋に言語データだけの議論や分析がやりにくくなることを謙虚に受け止め、慎重に仮説を立てる姿勢を保持してきたと言えるだろう。しかし、民族集団の移動の時期や経路が仔細に明らかになれば、それと連動させた歴史言語学の研究が可能になるかもしれないし、さらに、古い時代の知見も活かせれば、それはまさに進化言語学と触れあうこともあるだろう。

人間はまず母音を習得し、鼻音などの有声子音を習得し、その後に無声の摩擦音や破裂音を、最後に流音（R音やL音）を習得することが知られている。興味深いことに、失うとき、つまり発音できなくなるときは、流音から失い、母音は最後まで残るのだという。酔っ払って呂律（これは音楽の旋律や調子の意から発音の調子や流暢さの意に転じた）が回らなくなると、日本語であればラ行音が怪しくなるが、そもそも流音であるラ行音は発音が難しいので、できなくなるときも最初なのである。もしも、人間の言語の進化上も、母音から子音へと分化が起きることがわかれば、心理言語学や神経言語学の成果と連動させて論じることができる。

言語学に限らず、20世紀の学術は細分化することで高度化してきたのだが、新しい知見や知識によって、細分化されて隔てられた領域を再編成したり、統合したりするプロセスが必要になるのではないだろうか。そのために、学ばなければならないことは気が遠くなるほど厖大《ぼうだい》だが、それでも全体を俯瞰的に眺めていく姿勢は持たなければならないだろう。

第 3 章

近代言語学を読みなおす

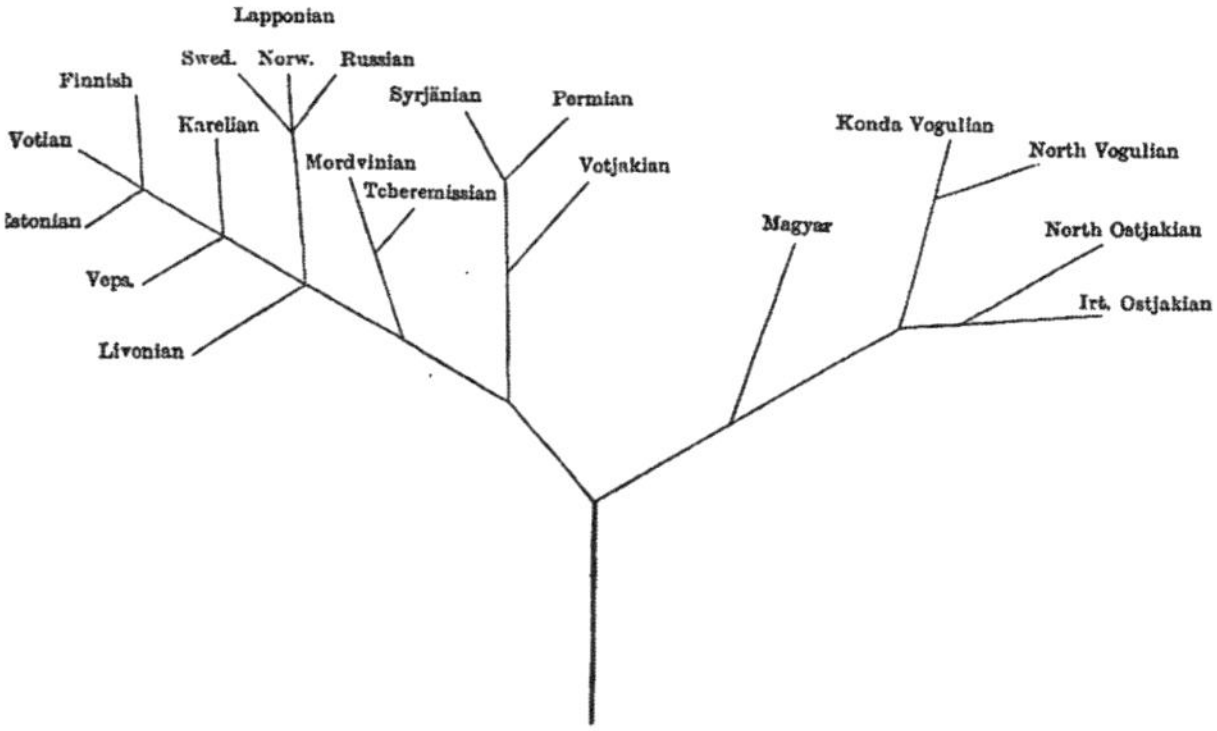

ミュラーによるウラル・アルタイ語族系統図（Müller, F. Max.1901:433）

夢ばかり追いかけていても生活が成り立たなければ意味がない。あるいは、身過ぎ世過ぎのためにはまず手に職をつけるべきであって、学問の名のもとに全くの空想のようなことばかり考えていてはいけない。もちろん、資産家の出であるとか支援してくれる人がいるとかという状況があって、夢をかなえることに集中できる環境に身をおける幸せな人もあるだろう。それでも、いつまでも目標に届かないまま夢を見続けているのは難しい。周囲の大人にそう言われれば反発したくなるが、それが半面真理であることも否定できない。それなら社会的に安定した地位についてから、自分のやりたいことを自由にやればいい。周囲との軋轢を避け、まっとうな社会生活を営み、自由な時間で自分の趣味に没頭することが可能なら、それこそがもっとも現実的な選択かもしれない。夢と現実の均衡を考えて、落としどころを探る葛藤は今も昔も人生にはつきものだ。誰にでもあてはまりそうな悩みが、近代言語学の創始者と言われるジョーンズ卿にもあったことはあまり知られていないのではなかろうか。

本章では、現在の言語学に至る近代言語学の始まりから見ていくが、言語学も歴史の波に翻弄されてきたことがわかっていただけると思う。

1　近代言語学の誕生

†インドにて

　ウィリアム・ジョーンズ卿（1746―94）は、幼少時から語学の才に長け、1768年にオックスフォード大学を卒業してからは、貴族の家庭教師や翻訳などをしながら東洋の文化や言語について研究していた。幼い頃に父親を亡くしたために、生活を考えずに学問だけに打ち込むわけにはいかなかったようだが、貴族の家庭教師などができたのでそれなりに恵まれた状況だったと言えるかもしれない。

　その後、学術への貢献が認められて王立協会の会員にも選ばれ、修士号を得て、20代半ばにして既に東洋学の専門家としての名声を得ていたという。しかし、高い評価と名声があっても、それだけでは方便《たずき》として十分でない。彼は並行して法律も学んでおり、法律家として生きることを選んだ。地方を巡回する判事になってからの10年間は法律家としての仕事を淡々とこなしていたようだ。

　1783年は彼にとって重要な年である。結婚し、騎士《ナイト》の爵位を得て（よっていまでも

「卿」づけで呼ばれる）、インドのカルカッタ（現コルカタ）に上級裁判所判事として赴任することが決まったのである。ジョーンズ卿にしてみれば、東洋の専門家であることも認められ、法律家としても認められて現地に赴いているわけだから、光栄なことだっただろう。赴任時に既にギリシア・ラテンの古典語はいうまでもなく、ヘブライ語・アラビア語・ペルシア語を習得して、翻訳などもこなしていたが、赴任後にサンスクリット語を学んだことで彼は大きな発見をする。

当時のイギリスの教養人としては、古典ギリシア語やラテン語の習得は当然で、その延長線上でヘブライ語を学ぶことは考えられ、また、アラビア語やペルシア語は実用上重要な言語であった。しかし、サンスクリット語は、古代インドの言語で実用性はなく、まさに高踏的な趣味とでも言えるものだった。

ジョーンズ卿は赴任の翌年にはベンガル・アジア協会という学会を創設し、その会長となる。上級裁判所判事という社会的に高い地位にあって仕事をこなしているのだから、高踏な学問に趣味の時間を費やしても誰も文句は言えない。もっともいまから２００年以上前のことだから、イギリスであっても現代のように大学で学ぶ者は多くはない。研究を生業にしている人はいるにしても、特異な存在だったろう。加えて、いまのように学問は細分化していない。古くからあった学問にしても大くくりで、いわば未分化の状況にあった。

言語学は後述するように、哲学に包摂されるか広義の文化研究の一翼を担っていたが、宣教師が各地の言語のデータをもたらすようになり、データを比較するという方法からことばの研究が自立する環境が整いつつあったのが18世紀末とみてよいだろう。

ヨーロッパで1756年に七年戦争が始まると、アメリカやインドなどの植民地でもイギリスとフランスのあいだで戦争が起こる。フランスはインドでは完敗して、七年戦争終結の1763年以降はイギリスがインドを支配するようになる。東インド会社も交易よりインド支配のための政治機構の意味を強めていく時期だった。ジョーンズ卿も上級裁判所判事という肩書きでありながら、東インド会社の所属だったが、これは当時のインドの状況を考えれば当然のことであった。東インド会社が実質的なインドの統治組織としての機能を強めていたからだ。

†近代言語学の誕生

学会創設の翌年から本格的にサンスクリット語を学び、第3回の会長講演でジョーンズ卿はサンスクリット語が実は古典ギリシア語やラテン語とよく似ており、共通の祖先となる言語があって、そこから発達してきた結果なのではないか、という考えを述べた。

第3回会長講演は1786年2月2日だったので、このときから近代言語学が始まるとすることが多い。もちろん、それ以前にも言語研究はあったわけだが、いまとなっては存在しない共通の祖先である言語を想定し、そこから派生したり発達したりした言語の一群を考える点で、近代言語学の方法論が確立したと考えるのである。前者を「祖語」、後者を「語族」と呼ぶ。たいていは「語族」を想定するとき、そこに含まれる言語群はいずれも共通の祖先たる「祖語」の末裔《まつえい》だと考えるので、この2つの概念は多くの場合、ワン・セットになっている。

ギリシア語もラテン語もペルシア語もサンスクリット語も、「インド・ヨーロッパ語族」(印欧語族)に含まれる言語であり、そこには「印欧祖語」という祖先にあたる言語があるものとしてその実像を復元するための研究をおこなう。それは今では比較言語学と呼ばれる領域の基礎的な枠組みになっているが、基本的な発想はジョーンズ卿以来継承されている。

現実は地味でつまらないものであっても、象徴として取り上げられるとあたかも奇跡的で劇的なできごとであるかのように語られ始める。

「2月2日が言語学の誕生日ですか。水瓶座ですね。なにかお祝いでもするんですか」と聞かれたことがあるが、言語学の誕生日という捉え方は面白いにしても、実際にはそう考えることはなく、もちろん、誕生パーティもおこなわれない。

「水瓶座は誰とでも打ち解けて仲よくなれるそうだから、言語学がいろんな分野と融合したり協働したりするのもよくわかります」と言われると、否定はできないが、むしろ、人間にとって不可欠な「言語」がさまざまな学問や分野と結びつくのは、よしんば別の誕生日であっても自然に起こりうることで、いわば運命のようなものなのかもしれないと思う。

†現実と象徴はずれている

実際にはジョーンズ卿の第3回講演で一気に言語学が完成するわけではなく、のちのち振り返ってみたときに、あれが重要なターニングポイントだったと後世の学者が気づいたに過ぎない。その意味では重要な契機ではあったが、聴衆のなかには重大な発見や提言があると思わなかった人もいたことだろう。

当時カルカッタでおこなわれた講演ではそれほど多くの聴衆を集めたとは考えられない。1784年1月の創設時に集まったのはカルカッタ在住の英国人30人のみだったという。ジョーンズ卿の会長講演は1792年の第9回まですべてその内容の記録があるが、第2回までは演題もなく挨拶といった趣である。

印欧語という捉え方を提案する第3回になって初めて「インド人について」という題目がついているが、その後、第4回「アラブ人について」、第5回「タタール人について」、

第6回「ペルシア人について」、第7回「中国人について」、第8回「アジアの辺境民族・山岳民族・島嶼《とうしょ》民族について」、第9回「民族の起源と集団について」のように続くことから、異境の地としてのアジアの民族や文化に対する広汎な関心を持っていたことがわかる。

ジョーンズ卿は同姓同名の偉人が他にいるせいか、「言語学者のウィリアム・ジョーンズ」などと呼ばれることがよくあるのだが、印欧語族という捉え方は、彼の広汎な関心のごく一部であって、その能力と功績から「言語学者」と呼ぶことに異論はないにしても、ソシュールやチョムスキーなどの近代言語学者を思い浮かべると実像からずれてしまう。言語を中心とした東洋の諸民族と文化に幅広い関心と知識を持つ「東洋学者」で、法律の実務家を兼ねていたとするのが実態に最も近いと思う。実のところ、第1回の講演では日本についても簡単に言及しているほどである。

✝ことばの歴史をさかのぼる

「印欧語族」という見方が、ウィリアム・ジョーンズにしかできない特別で奇跡的な発見かというと必ずしもそうではなく、同様の知識と教養があれば他の人でも気づいたのではないかと思うようなものでもある。

アラビア語といった非ヨーロッパの言語を学び、当時は文献的に継承されていただけのヘブライ語を学ぶような語学マニアの秀才ならば、サンスクリット語も学ぶ可能性は考えられるから、ジョーンズ卿の発見と報告がなくとも、歴史の必然としてほかの誰かがいずれ気づいたことだろう。

しかも彼は語形を示して対照しながら論じるような実証や論証をしているわけではない。特筆すべき点は、彼が「語族」や「祖語」にあたる概念を1つの枠組みとして持っていて、それを見通しよく述べていることである。それによって言語学は、すぐにデータをあつめて実証していくことで、比較言語学の方法論を確立していくことができたし、その後の言語研究の方向性に大きな影響を及ぼすことになった。

いずれにせよ、かくして近代の言語学はことばの歴史をさかのぼることから始まった。ジョーンズ卿の発見は、俗に「サンスクリット語の発見」とも言われる。とはいえ、単にヨーロッパ中心の視界から漏れていただけで、サンスクリット語はもともと厳然と存在していたわけだから、「ヨーロッパ人によるサンスクリット語の発見」とでもするほうが公平だろう。もちろん、イギリスを含むヨーロッパの多くでは、アジアや東洋を低くみることが多かったが、ジョーンズ卿はインドをはじめとするアジアの文化や言語に深遠さや崇高さを見いだして尊重する姿勢があり、サンスクリット語を含むアジアの言語を研究することで初期の言語学を確立していく人たちの多くは同様の精神を共有していた。

当然のことながら、自分たちの民族や言語のルーツに関する関心もあったろうが、未知のアジアに知的ロマンスをかきたてる宝が手つかずのまま残されているように感じていたかもしれない。サンスクリット語の発見とサンスクリット文献による古代インド文化の発見は、ジョーンズ卿の講演からやや遅れて19世紀のヨーロッパに学芸や文芸における思潮として伝わり、オリエンタル・ルネサンスとも呼ばれた。

†ことばのルーツが同じ？

実は、ジョーンズ卿によるこの発見やそれを契機とした言語学の知識が別の思想的解釈に利用されたことを、現代の言語学者はほとんど知らないか、多少知っていても意識していない。これは一般的に考えると不思議なことだが、言語学者は中立公平な観察者に徹することが習い性になっているので、多くの場合、政治性や思想性から遠ざかろうとしてしまうところがある。どんな人間も生まれ落ちた時代の影響を受ける以上、政治や時代思潮の干渉を排除することは不可能であるが、極力触れずにすませようとするのである。しかし、見て見ないふりをするのが中立公平かと言われると、そうとも言えまい。

ジョーンズ卿の主張の中心は、ギリシア語やラテン語にサンスクリット語を加えた古典語がおそらく同源であり、同源である以上、それらの元になった言語がかつては存在したものの現在は存在していないこと、そして、同源の関係をなす言語は、ゲルマン系のゴート語にケルト語、ペルシア語など数多くあり、インドからヨーロッパにかけて広く分布しているということであった。

元になった言語を言語学では「祖語」(proto-language)というが、ジョーンズ卿の時代にはまだそういった用語はなく、講演の内容から祖語に相当する概念だと推定されるだけである。この祖語は、インドからヨーロッパにかけての諸言語の祖先であり、印欧祖語と呼ばれるものにあたる。

印欧祖語を話していた人たちは、単純に考えれば、1つの言語を話す民族集団として存在していたということになる。それが、ヨーロッパからアジアにいたる広い範囲にすぐれた文明を築いている人たちの祖先にあたる。もちろん、ジョーンズ卿はそれほど具体的には述べておらず、印欧祖語を話す民族には言及していない。しかし、講演を聴いたり、講演録を読んだりすればそう考えたくなるのは人情であろう。

†言語学の知識がずれていくとき

ジョーンズ卿の考えの中心は、ギリシア語やラテン語よりもサンスクリット語が整然とした言語で、それらの古典語よりも古い言語にさかのぼることが可能だ、ということである。

ジョーンズ卿自身は、十分に注目を集めていないアジアの文化やアジアの言語に相応の注目と敬意を集めたいと考えており、サンスクリット語がギリシア語・ラテン語に並ぶ古典語としての価値を十分すぎるほど持っていることをヨーロッパの人たちに広く認識してほしかったに違いない。それはジョーンズ卿が講演の中で、「サンスクリット語は、その古さもさることながら、驚くべき構造をもった言語である。ギリシア語よりも完璧で、ラテン語よりも豊かであり、この2つの言語のいずれよりも画期的に洗練されている」とサンスクリット語を礼賛しているのを見ればよくわかる。

そして、これらの3言語には偶然とは言えない類似性があるのだから、おそらくもっと古い時代に祖先にあたる言語があったということは、裏返せば、そう考えるのが自然なほどこれらの古典語の間に共通点があるということであった。

先に述べたように、ジョーンズ卿は印欧語については、これ以上のことは言っていないが、印欧語以外で彼が知っていたヘブライ語やアラビア語、あるいはトルコ語、中国語などは、印欧語に含めていない。具体的な語形などを挙げて論証しているわけではないが、ペルシア語は含めてもアラビア語は含めないなど、ジョーンズ卿の炯眼《けいがん》は専門的な見地から見ても認めない者はいないことだろう。もしも、印欧語族に別の言語を含めていたとしたら、のちの言語学者も近代言語学の出発点としていまほど持ち上げてはいなかったと思うのである。

†「アーリア人」という民族は?

この印欧語族は、通常、ヨーロッパ系と「それ以外」に分けられる。それ以外は、インド・イラン系で、いわばアジア系と言ってもよいが、主に中東からインド亜大陸にかけて分布しており、インド・アーリア系と呼ぶこともある。ちなみに「アーリア」ということばをジョーンズ卿は用いていない。インド・アーリア系の言語を使っていた古い時代の人たちを一定の民族集団とみるならば、「インド・アーリア人」とでも呼ぶことはありうるだろう。「アーリア人」とは、ナチスの優性民族思想に出てくる、あの「アーリア人」である。

印欧語族の祖先を原印欧語族と呼ぶとすると、彼らは数千年前(紀元前3000年紀かそれ以前)に中央アジアにいて、その後中東からインド亜大陸のほうに移動してきたと言われる。原印欧語族を、現在の言語区分に従ってヨーロッパ系とインド・イラン系に分けると、前者はヨーロッパへ移動し、後者は中央アジアにとどまるか、インド亜大陸方面あるいはイラン高原方面に移動したと考えられている（青木健『アーリア人』講談社）。この後者の一部がアーリア人（「アーリア」はサンスクリット語で「高貴な」の意味の語に由来するとされる）と自称したようで、一般にアーリア人というときは、印欧語のうちインド・イラン語派の祖語やその系統の言語を話した人々を想定する。かつては、インド・イラン語派を「アーリア諸語」と呼ぶこともあったが、いまは「アーリア人」の忌まわしい記憶がまとわりつくせいか、使うことはない。

大まかに言うと、サンスクリット語やペルシア語の祖先に当たる言語を話していた人たちがアーリア人に相当し、それはヨーロッパ人やその直接の祖先とは（近い関係にはあったかもしれないが）異なるのである。それが、ナチスの思想のなかでは、ヨーロッパ人がアーリア人（の直系の末裔）で、その中で特に優れた民族がドイツ人というように、完全にずれたまま用いられた。言語学的には、少なくともドイツ民族が「アーリア人」ということにはならない。

†言語学における「遺伝か環境か」

もちろん、民族と言語集団が完全に一致するわけではないことは現代では知られていて、X語を話す民族の遺伝子を受け継いでいても生まれてからY語を習得する環境に身を置けば、Y語が母語になる。例えば、日本人の両親から生まれても、英語やフランス語を習得する環境で育てばそれらが母語になる。実際には一緒に暮らす親や家族の話す言語や方言の影響が子供に及ぶことも考えなければならないが、遺伝的に個別の言語が継承されると考えることはない。

とすれば、原印欧語族は同じ言語を用いる文化的共同体を指しているので、それが特定の人種とは限らないし、形質的特性を共有する「民族」とは単純に重ね合わせられないことになる。しかし、多くの場合、民族は遺伝的な形質特徴を共有する人たちの比率が高いから、原印欧語族も同様の集団だったと推定することに無理はない。結局、原印欧語族を特定の人種と同一視することはできないものの、特定の人種を主体とする集団であったと考えてもとりたてて不自然とは言えない。

また、アーリア人はいわゆるコーカソイドで白人だったと言われている。問題は、どこから「アーリア人」が本来の意味とは違う使い方になったのかであろう。ジョーンズ卿の講演の前後の状況も見ながら、確認していこう。

ジョーンズ卿の生きた18世紀後半にあっても既に、古典語の習得は知識人にとっては重要な技能と見なされていた。ここでいう古典語は、ラテン語とギリシア語とヘブライ語のことで、いずれも古い時代の書きことばであり、それを使って古典を読み解くための手段であった。当時実際に用いられていたギリシア語は古典ギリシア語とは異なるし、ラテン語は中世に語彙《ごい》が追加されたりしてはいるが基本は古代ローマにおける書きことばで、その末裔のイタリア語・フランス語などの口語とは異なるものであった。ヘブライ語も、ユダヤ人のディアスポラ（離散共同体）では各地域の言語と混合した形で名残を留めてはいたが、正統なものは宗教書に残る書きことばだけだった。

中世においては、これらは神聖な古典語であって、「3言語の人」（ホモ・トリリングィス）とはこれらの古典語に深い知識を持つ教養人を指した。現代の言語学は、書きことばではなく、話しことばを言語の本来のありようと考えるのだが、ジョーンズ卿以降近代言語学の黎明期《れいめいき》にあっても、書きことばが取り上げられることが多かった。それくらい書きことばの威光が強かったのである。

もちろん古典語の知識だけでは教養人は務まらない。まだ庶民の識字率が低い当時は、そもそも正しい文法で正しい文章を書くことがまずは重要な基礎技能であった。エリート養成校がグラマースクールと呼ばれたり、修道院などで文法教育や古典語教育がおこなわれたりしたことからもわかることであるが、ここでの文法教育は、正しい文章を書くために正しいことばの規則を習得させることである。

2　ことばをタイプ別に区別していくために

†文法とは何か

現代言語学での文法は、記述したり分析したりするものであって、教育するための文法とは異なっている。教育文法の最たるものが、ランスローとアルノーによる『一般理性文法』である。これは、1600年に刊行された修道院教育の教科書であったが、修道院の名をとったポール・ロワイヤル文法で知られている。ポール・ロワイヤル運動は、世俗を離れて祈り・読書・労働・教育に専念するものであったが、それは合理主義的で論理重視の文法や言語教育とうまく整合するものだったろう。

このポール・ロワイヤル文法を、ノーム・チョムスキーは言語研究における合理主義という流れの中に位置づけている。ライプニッツの普遍言語といった思想も、言語の論理表示という考え方であり、論理的で真理を表せる言語であれば普遍性を有しており、すべての人間の言語にその本質が含まれていると考えることができる。

自然言語を論理式などで表示できればその本質が理解できるとするこの種の考え方は現

代の言語学にも継承されている。ジャン゠ジャック・ルソー（1712—78）の『言語起源論』は死後の1781年に刊行され、懸賞論文となったヨハン・G・ヘルダー（1744—1803）の『言語起源論』は1772年に刊行された。ルソーの言語起源論は『人間不平等起源論』と並行して構想されたと言われているので、内容の成立はルソーのほうが先だったかもしれない。

言語の起源については前章でも触れたが、ヘルダーやルソーの言語起源論は、考古学的なデータに基づく科学的なものではなく、「人間とは何か」「人間を成立させる本質とは何か」といった観念的・思想的な議論である。これらの理念的議論も合理主義の流れに含めてよいだろう。先述のジョーンズ卿の講演がなされたのはヘルダーの『言語起源論』刊行とルソーの『言語起源論』刊行のあとであるが、そういった合理主義的な思潮が確固として存在していた時期だったことは重要である。

†言語の関心が外に向けられるとき

合理主義に象徴される知的方向性が人間の内部の本質へと向かうもの、いわば内向きのものだとすれば、対立する経験主義的な方向性は、言語の多様性を把握しようとする外向きのものになる。内向きの関心は、言語の現実をそのまま捉えるよりも、より思弁的なものになりやすいのに対して、外向きの関心は、多様な現実を知ろうとするから、まずはデータを収集して蓄積していく作業として現れやすい。今でも、理論的な言語研究と記述的な言語研究は同様の対照性を持っていると言っていい。

古典語が尊重された時代でも、現実の言語にも目が向けられる流れはあった。『神曲』で知られるダンテは『俗語論』を著しているが、これはラテン語の直接の末裔としてのイタリア語についてのものである。当時のイタリア語が俗ラテン語の後裔《こうえい》だとすれば、ネオ・ラテン語を論じたものとも言えるが、古典語以外の言語、特に、話しことばとしての各地の地域語・地方語について関心が持たれるようになり、文法書が徐々につくられる時代へと移る時期でもある。とは言え、近代の国民国家（nation-state）という概念のない時代なので、国語に相当する捉え方ではなく、それぞれの地域固有の言語（「固有語」とも言う）として捉えているわけであるが、話しことばも関心や記述の対象と考えられたのが1つの転機であった。

15世紀以降、スペイン語・イタリア語・フランス語・ポーランド語・古代教会スラブ語など印欧語系の固有語の文法書が現れるが、同じ時期に、タラスカ語・ケチュア語・ナワトル語・グアラニ語・バスク語など非印欧語系の文法書も刊行される。この時期は大航海時代とも重なり、進出していった地域で主に宣教師がその土地の言語についての記録を残したのだった。

日本語に関するまとまったものとしては、安土桃山時代に日本に滞在していたJ・ロドリゲスの『日本大文典』(1604—08年)などが知られているが、宣教師が残したこれらの資料はもちろん、言語研究のためのものではなく、現地の理解と現地語の習得に資することが第一義であった。おおむねラテン語の枠組みで書いてあることもあり、正しい理解とは言えないが、当時の各言語に関する資料としては重要なものである。例えば、日本語の文法の記述に「分詞」を使っても、実態をうまく説明できないが、当時の単語の発音や意味などについては、重要な情報をもたらしてくれる。

18世紀に入るとポルトガル語による中国語文法も現れるが、中国では伝統的に言語研究は音韻論と語彙論・辞書学に重点があったため、いわゆる概説的な文法書は重要な意味を持った。エカチェリーナ2世は、ロシア語辞典を編纂させたことでも知られるが、当時のロシア領内の200の言語についても語彙調査をさせたという。ロシアの動植物や文化などをシベリアまで調査していたドイツの動植物学者ペーター・パラスに比較語彙集をまとめさせてもいる。これは18世紀後半のことなので、ジョーンズ卿の講演と同時期のことである。

紀元前に黒海南岸の小アジアにポントゥスというギリシアの植民地があったが、これは紀元前4世紀に独立した小国である。このポントゥス王国を建設したミトリダテスという王（歴史学では、ミトラダテスということが多いようだが、言語学では、後述の理由もあって、ミトリダテスあるいはミトリダーテスということが多い）は、ポリグロット（多言語を使いこなす人）として知られていた。それにあやかって、ドイツの辞書編集者ヨハン・アーデルングは「主の祈り」を500の言語・方言でどのように言うかを言語見本として集めて『ミトリダテス』という4巻本にまとめて出版した（1806―17年）。正式な書名は、『ミトリダテス、もしくは一般言語学、およそ500の言語・方言による主の祈りを言語見本として付して』という。もちろん、数百の言語を集めるには、ある程度の言語学的知見がなければならないが、この時期はまだ言語学的な分析が中心ではなく、あくまでデータ収集やコレクションという意味が強かった。それでも、ヨーロッパやその隣接域だけではなく、それまで知られていない言語も関心の対象としていたことがわかる。

†屈折のある言語、ない言語

ジョーンズ卿の講演から時間が経つと、ヨーロッパにもサンスクリット語を研究する機運が高まる。シュレーゲル兄弟は、ドイツロマン主義の詩人・文人として知られているが、弟フリードリッヒ・シュレーゲルは『インド人の言語と知恵について』などという著作もあることから、言語学ではサンスクリット語学者として紹介されることもある。厳密に言えば、サンスクリット語の専門家というよりも、サンスクリット語に造詣《ぞうけい》の深い知識人であったろう。彼は言語には「接辞」を使うものと「屈折」を使うものがあるとした。

印欧語は、原則として、単語の語尾が「屈折」を担う。日本語などの助動詞や助詞は、認め方によるが、「接辞」に相当する。「屈折」は語のなかでの形態変化だが、接辞は語に付加していくので複数個つけられるのが普通で、これが「膠着語《こうちゃくご》」の特徴である。

さらに、兄アウグスト・シュレーゲルは『プロバンスの言語と文学の考察』(1818年)で弟による2類型に「文法構造を持たない言語」を加えて3つの類型を示した。文法構造を持たない言語は、その後の「孤立語」に相当する。

孤立語としては、中国語やタイ語などが取り上げられることが多いが、これらは接辞や屈折語尾を使うわけではなく、単語と見てよいような自立的な形態素の配列やまとまりによって文法関係を表している。孤立語は「形態論がない」ということもあるが、これは接辞や語尾などが形態変化と見なされ、形態論で扱われるのに対して、語や形態素の配列は統語論で扱うからである。

形態論か統語論かは、自立的でなく付属的な要素としての接辞や語尾と見るか、自立的な形態素や語と見るかという違いでもあるが、現在では、付属的か自立的かという非連続的な区分をせずに、自立性という尺度で連続的に捉える見方が強まっている。形態論と統語論は単純に二分されず、中間的な移行域を想定することになる。

†屈折語、膠着語、孤立語、「抱合語」でなく「複統合語」

屈折語・膠着語・孤立語という区分は、いまでも言語学で使われることがあるが、形態を重視した古典的な類型論と扱われ、フンボルトとともに語られることが多い。フンボルトとは、ベルリン・フンボルト大学に名を残す18世紀末から19世紀前半にかけて活躍した知識人カール・ヴィルヘルム・フォン・フンボルトのことである。

フンボルトも言語学者という肩書きで紹介されることがあるが、プロイセンの外交官や法律家・教育家でもあった。ジョーンズ卿より20年ほど後の生まれだが、19世紀前半は近代言語学の枠組みができはじめる時期であって、フンボルトも近代言語学の枠組みを使って研究したわけではない。

フンボルト・ペンギンやフンボルト海流（現在は、ペルー海流が一般的）に名を残すアレクサンダー・フォン・フンボルトは2歳年下の実弟で、地理学の祖とも言われる自然博物学者である。弟のアレクサンダーが南北アメリカに調査旅行をしたことは知られているが、兄ヴィルヘルムもアメリカ原住民の言語に関心を持ち、資料を入手して分析している。

その中で、「抱合語《ほうごうご》」という4つめの類型を提案し、フンボルトに至って屈折語・膠着語・孤立語・抱合語に相当する4概念が成立したと言ってよい。これが、古典的類型論がフンボルトに始まるとされる理由である。

ただし、ジョーンズ卿からアーデルング、シュレーゲル兄弟、フンボルトにいたる知の巨人は近代言語学の黎明期に言語学的な研究はしているが、その後のソシュールやチョムスキーなどを「言語学者」と呼ぶ意味での、職業的な専門家としての言語学者ではなかった。その言語学的貢献の大なることは誰しも認めるところだが、安易に言語学者に区分することが実像をゆがめてしまう可能性は考慮しておかなければならない。

†言語学の成立が逆投影するもの

近代言語学の枠組みをつくったラスムス・ラスク（1787―1832）、フランツ・ボップ（1791―1867）、グリム兄弟の兄ヤーコプ・グリム（1785―1863）の活躍した19世紀前半は「言語学の黎明期」などと言われる。黎明は夜が明けて東の空が白んでいくさまだから、よいイメージで捉えているわけである。

一方で、当時の考え方を偏見に満ちていて差別的だと批判する説明も多い。たかだか200年ほどであっても、当時の人間と現代の人間の世界観や価値観は大きく異なる。現代人から見ると偏見や差別に見えることも当時は支持を得ていたかもしれない。安易に批判する現代人は、みずからが正しい知識を持ち、先人が誤っていると考えていることになる。

現代のわれわれは過去の思想を野蛮な謬見《びゅうけん》だと批判できるが、過去の人間は未来の人間の考えはわからないから批判できない。対等な立場ではないのである。現代の科学も200年後の人間に誤りと見なされるかもしれない。

もちろん、科学は批判を受けて誤りを正すことで進歩するので、誤りを明確にすることは必要だが、自分だけが正しいと考えて安易に、しかも感情的に貶《おとし》めるのは、ほめられた話ではないと思うのである。

†フンボルトは差別的だったのか

フンボルトは差別的だと言われることがあるが、誰しも時代の子であることは免れない以上、批判する側があらゆる偏見から自由な清廉潔白な人間なのかしらと疑念を抱いてしまう。要は、現代の視点では偏見や誤解があることを踏まえた上で、淡々と見ていきたいのである。言語学の黎明は響きがよいが、それは反面、思弁的でロマン主義的な知の時代の衰退だったかもしれない。

フンボルトがジャワ語がオーストロネシア語族に含まれ、サンスクリット語を含むインド・ヨーロッパ語族ではないことを述べたのが『ジャワ島のカヴィ語について』という3巻本である。カヴィ語の具体的研究は第2巻と第3巻で展開され、第1巻は『序説』(Einleitung)として、「人間の言語構造の多様性とそれの人類の精神的発展への影響」という題がつけられ、言語の形態と民族精神の関係を語っている。フンボルトの言語思想を知るにはこの第1巻(『カヴィ語序説』あるいは『序説〈アインライトゥング〉』と略すことが多い)を読むのが近道ということになる。屈折語・膠着語・孤立語・抱合語などが出てくるのもこの『序説』である。

ただし、フンボルトはこれらの言語を比較対照するように整然と述べているわけではなく、言語学の研究書として期待されるような書き方はしていない。彼を言語学者と見なして、現代の言語学と同じような議論か、せめてその基盤になるような議論をしているだろうと勝手に期待したあげく、「言語学の研究とは言えない」「差別的だ」などと論評するのは、フェアな態度とは言えないだろう。

フンボルトは、確かに「屈折的な言語」のような言い方をしているが、これは言語のタイプを設定したのではなく、言語特性である。

例えば、日本語は「食べる」という動詞に助詞や助動詞を付加して「食べ-させ-られ-て-い-なかっ-た-の-だろう-ね」のように複数の形態素を重ねていくことができるので、膠着語と言われるが、「言語特性記述」のような表現では言語＋特性＋記述のように語を重ねているだけなので、孤立語のような語構成を使っている。この種の語はいずれも漢語で、漢語は孤立語である中国語の性質を継承しているのだから、当然である。英語は、印欧語なので屈折語とされるが、語尾変化がかなり単純化してしまい、孤立語っぽくなってきている。また、reconstructionality という語は、中核となる construct を分解しなくても、re-construct-ion-al-ity のように前後に4つの形態素がついているから、定義に従って区分すれば膠着語的である。

つまり、1つの言語の性質のすべてが屈折・膠着・孤立・抱合の1つに集約されるとは限らず、1言語のなかにもいくつかの性質が見られることがごく普通に生じるということだ。それならば、どの程度どの特性があるかと考える方が、むりやり4区分に押し込める雑な分類をおこなうよりも、精密で正確な記述になることは誰しも想像できるところである。

主観としての〝美意識〟

フンボルトは「屈折努力」(Flexionsbestreben) といった表現を使い、民族精神の発達と言語の発達は連動するはずだから、屈折努力によって屈折感覚は発達し、美しい屈折が完成すると考えた。ヨーロッパの言語の多くは屈折性は多少磨かれているが、まだ完璧ではなく、努力が不十分なところもある。膠着語は努力が足りず、孤立語はさらに努力不足ということになるが、これらも努力して屈折感覚を磨けば美しい屈折語になることができる、というのである。

また、フンボルトは、屈折に内的屈折と外的屈折に相当する区分を立てている。後者は、語幹と語尾が一目瞭然のもので美しくなく、全体が溶け合っている前者（フンボルトはAnbildungという）のほうが美しく完成度が高いという。英語のfather（父）やmother（母）は複数になっても、fathersやmothersとなるので、-sが複数語尾として切り出せるが、ドイツ語のVater（父）やMütter（母）は複数ではVäterやMütterとなり、屈折形態素を切り出しにくく全体が混然一体となっている。後者は初級のドイツ文法で習う変母音（ウムラウト）による複数に過ぎないが、継ぎ目がわからない方が美しいとフンボルトは考える。

一方膠着語は継ぎ目だらけである。美しくないうえに、努力不足ということになる。孤立語は、ばらばらで継ぎ目すらつくらないから、さらに努力が足りない。かくして、孤立方式・膠着方式・外的屈折方式・内的屈折方式の順に美しく上等だという尺度ができあがる。言語の完成度を求めない民族精神は努力不足でそれが言語に反映したという理屈が背後にはあるが、民族と言語に深い関わりがあることはすでに『言語起源論』で知られるヘルダーが述べており、フンボルトもその影響を受けたのだろう。

もちろん、美しいかどうか、言語のどんな形が理想かは、主観的なもので科学的なものではない。そもそも現代言語学は科学的根拠のない価値づけはしないから、フンボルトのような考え方を採用しない。しかし、「従って現代言語学は差別的ではないが、フンボルトは差別的だ」という単純な結論にはならないと思うのである。

例えば、膠着という用語は agglutinate にあたる西欧語からの翻訳で作られた近代漢語で、glue「膠《にかわ》・糊」と同源の形態素を含んでいる。「にかわ」は獣《けもの》類・魚類の皮や内臓を煮詰めてつくった接着剤で、本来は「煮皮」の意だろう。膠でべたべたとくっつけて継ぎ目が見えて不格好だという推意(第2章)を持つ用語が残存している以上、現代言語学とて偏見がないとは言えないと考えるべきではないだろうか。

フンボルトについては、言語をものとしてみるのではなく、エネルゲイアというアリストテレスの用語を用いて、言語を動き・活動として見る動的な捉え方でも取り上げる。ともあれここでは、「アーリア人」の概念が利用され、変形していく過程に戻ろう。

3　印欧語族という括りが成立するとき

†後戻りできない流れに向かうとは

複雑系の研究でよく引かれるバタフライ効果とは、最初は蝶の一度の羽ばたきに過ぎなかったものが最後にはハリケーンになるように、初期値の違いがのちのち大きな違いになることを表す喩え話である。

混沌に見える動きも少しずつさかのぼっていけば、ほんの小さな動きをきっかけとしていることはわかりやすく、重大事故も最初のきっかけはちょっとした不注意だったという話はよく耳にする。この比喩は概念化する過程で細かな事実をふるい落としているのでそれほど単純化できないと思うが、少なくとも、重大な事態になったときにはその解決が不可能なほど事態が進んでしまっている点は、現実においても変わらない。

蝶を捕まえて飛ばないようにすることはできるが、ハリケーンが向かってくるとき、それを止めることはできないわけである。同じように、ヒトラーがアーリア人を誤った意味で使った段階で、それを正せる学者はもういなかったであろう。

ジョーンズ卿はラテン語・ギリシア語・サンスクリット語が共通の祖先から生まれたと考えたが、そこでは「祖語」という言い方も、印欧語族という概念も提示してはおらず、もちろん「アーリア人」という表現も使ってはいない。

ジョーンズ卿の講演は、この意味ではまさにパンパにおける蝶の羽ばたきに過ぎなかったと言っていい。しかし、彼のサンスクリット語の発見は、古典語への強い敬意があるものの、神聖なる3つの古典語のトライアングルが崩れて、古典語がギリシア語・ラテン語とサンスクリット語の3言語を中核として再構成される動きをつくったという重大な意味を持つ。ヘブライ語は、古典語としては重要だが、セム系の言語（現在ではアフロ・アジア系の言語）であって印欧語系ではないから、古典語の宗教書を読む上で重視されていたに過ぎない。しかし、サンスクリット語を含む3言語は印欧語であり、実用上の価値よりも、同じ起源を持つ同じ語族に所属する言語という点で、言語学的な関心へと傾いていくことになる。

†「古典語のトライアングル」の転換

ジョーンズ卿以前は、いわば古典語という括りでヘブライ語が「3つの古典語」に入っており、エデンの園でアダムとイブが話していた言語もヘブライ語と考えられていた。旧約聖書の一部に用いられ、イエス・キリストが用いたとも言われるアラム語は、さらにいくつかの言語に分かれるのでアラム諸語とでもいうべきものだが、ヘブライ語と同じセム系の言語である。

ジョーンズ卿によるサンスクリット語の発見は、仰ぎ見るような「3つの古典語」の一角を占めていたヘブライ語がサンスクリット語へと置き換わっていくプロセスの幕開けでもあったのだ。もちろん、ヘブライ語の地位が急に落ちていくわけではないが、トップ3以外の言語に押しやられた影響はゆっくりと効いていくことになる。

ラテン語の末裔のロマンス諸語（フランス語やイタリア語をはじめとする）は言うに及ばず、それ以外のヨーロッパの主要言語にも、ラテン語由来の単語は数多く存在しており、相対的に数は少ないもののギリシア語由来の単語も相当数含まれている。例えば、哲学を意味する英語の philosophy は、綴りの違いこそあれフランス語やドイツ語でも同じような形をしている。それは語形でラテン語系かギリシア語系かある程度推測できるほどで、ラテン語とギリシア語はヨーロッパの主要言語ではかなりなじみがある単語として借用されている。

一方、ヘブライ語は同じ比率では借用されていない。天使の階層の1つの智天使を表す「チェラブ」（cherub）やあいまい母音の記号（ə）を表す「シュワ」（schwa）はヘブライ語由来だが、それほどなじみがあるとは言えない。

これに対して、サンスクリット語は印欧語系なので、同源かどうか議論できる語形が見つかる。数詞は3のtriをはじめ、専門家でなくても似ていると思う語形があり、よく見ると他の数詞でも偶然とは思えない類似が見つかる。もちろん、これらはただ似ているだけではだめで、対応関係に規則性がなければならない。逆に言えば、一見似ているように見えなくとも、英語のyellowとドイツ語のGelb（ゲルプ）のように、音韻対応の規則性から同系語だと言えるものがあり、これも比較言語学の成果としてわかっていることである。

いずれにせよ西欧語から見ると、ヘブライ語は古くからの知り合いではあるもののまったくの赤の他人のようなものであり、一方、サンスクリット語はひいおじいさんの兄弟で親戚だが長く音信不通だった人のようなものである。しかも、イギリスをはじめとするヨーロッパにとってインドは二世紀にわたって植民地としてアジア進出の足がかりにしてきた地で、なじみ深い。

†ボップによる比較言語的アプローチ

ジョーンズ卿の講演以降サンスクリット語は広く学ばれるようになり、専門家も増えていく。シュレーゲル兄弟の弟フリードリッヒやフンボルトもサンスクリット語を学んでいるが、サンスクリット語学者として言語学的な研究をおこなった先駆者はフランツ・ボップである。比較文法という手法で、系統関係のありそうな言語を比較することから歴史的な関係を科学的に明らかにするという歴史比較言語学の基本的な方法論を確立したのがボップであり、晩年のフンボルトとも交流があった。

ボップと同時期に活躍したラスムス・ラスクはデンマーク人の研究者で、印欧語の比較言語学ではボップよりも進んだ面があったようだが、デンマーク語で論文を書いたこともあってあまり耳目を集めず、比較言語学の研究から遠ざかってしまった。

その点、ボップは長命で19世紀半ばまで研究成果を残している。細かな文献学的手法による音韻や形態の細かな比較は現代の言語学の方法論に近いものであり、サンスクリット語の動詞活用組織に関するボップの著作が刊行された1816年を、比較言語学元年とみるべきだとする考えもある。

†シュライヒャーによる比較言語学の基盤確立

ただしボップは、言語の比較は詳細だが、語族の成り立ちについては詳しく論じていない。語族と分岐に関する考えを明確に示したのは、アウグスト・シュライヒャー（182

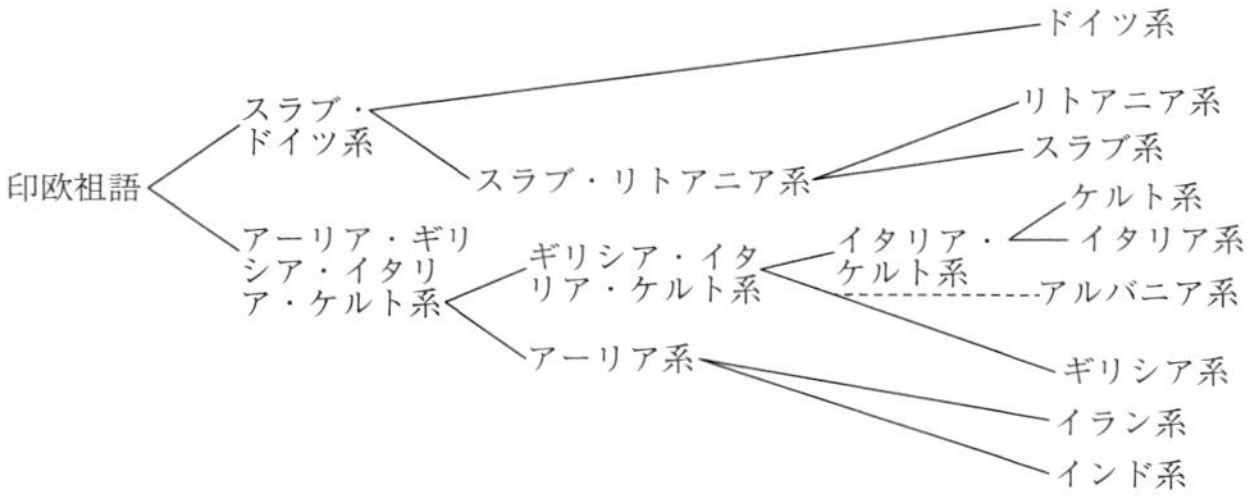

シュライヒャーによる印欧語系統図

1―68）である。比較言語学の草創期をつくったグリム兄弟、ラスク、ボップは同世代だが、シュライヒャーはその子供の世代にあたる。

シュライヒャーは、印欧祖語からその後の印欧語族の諸言語が成立する歴史的な関係を「系統樹」として示したこと、祖語（ドイツ語ではUrsprache、英語ではproto-language）という概念を明確化したこと、古い語形を推定して再構するという手法を確立し、再構形（実在が資料で確認されない推定形）にアステリスク（*）を付す記法を確定させたこと、などの成果があり、彼を抜きにして比較言語学の歴史を語ることはできないといってもよいほどの重要人物である。そして、シュライヒャーは上図のような系統樹を挙げている（Schleicher 1861:9 から訳出。再構成）。

†「アーリア」括りの変遷

もちろんその後の研究成果もあり、現在ではこれと同じ系統関係は考えないが、現在は「インド・イラン系」と括るものを「アーリア系」として括っていて、シュライヒャーの影響力を考えれば言語学において「アーリア」という語が広がるきっかけの1つだと言っていいだろう。イラン系の言語がよりアーリア的でアーリア人の直系に近いとしても、インド西部へもアーリア人が進出したのであれば、インド・イラン系をまとめて「アーリア」と称するのは十分根拠のあることである。

インド・イラン系を「アーリア」とするのを第一段階とすると、問題は、印欧祖語そのものを「アーリア」と呼ぶ第二段階、そして、「アーリア」の中心がドイツ人などを主としたヨーロッパ系に移る第三段階、が考えられる。ヒトラーが使う「アーリア人」は第三段階であり、シュライヒャーなど言語学で用いる「アーリア系」は第一段階である。言語学的に妥当性が認められるのは、この第一段階までである。

シュライヒャーの活躍した19世紀半ばは、言語学は文献学（philology）と明確に分化していなかっただけでなく、哲学・心理学・文学・宗教学・人類学・社会学なども含む人文研究が1つの広い領域をなしていた。いまでこそ複数の学問領域にまたがる「学際的」な研究が重視されているが、かつてはそもそも垣根がないかあっても低く、それほど縄張り意識も強くなかったのである。

シュライヒャーと同世代で活躍したフリードリッヒ・マックス・ミュラー（1823

―1900）は、ベルリン大学でF・ボップに、パリでコレージュ・ド・フランス教授だったウジェーヌ・ビュルヌフ（1801―52）に学んだ経歴からすれば、サンスクリット語の比較言語学を出発点にした学者と言ってよいだろう。ビュルヌフの助言によって『リグ・ヴェーダ』の校訂などをおこない、サンスクリット語文献の翻訳・校訂を多くこなしたが、イギリスに招かれたのも東インド会社の援助で『リグ・ヴェーダ』の翻訳を進めるためだったという。

サンスクリット語はおおよそ紀元前5～4世紀頃のものを想定しているが、『リグ・ヴェーダ』は紀元前（15～）12世紀頃のヴェーダ語で書かれており、ヴェーダ語はサンスクリット語の古い言語にあたる（両者は日本語で言えば、平安時代の日本語たる中古語と江戸時代の日本語たる近世語ほどの時間的隔たりがある）。ジョーンズ卿の講演から一世紀近くのちの19世紀後半には、サンスクリット語という単一の捉え方ではなく、その中にもいくつか変異があり、ヴェーダ語が古態に相当すること、アヴェスタ語に近いことなどがわかっていた。

†言語・民族・宗教を一緒くたに考えたミュラー

ミュラーは、サンスクリット語の文献学・比較言語学からサンスクリット文献・仏教典の翻訳などに進み、仏教思想や比較思想・比較宗教学へと関心を広げていった。言語学の著作もあるが、日本では『比較宗教学』の著者として知られるせいか、宗教学で取り上げられることが多いようだ。

少なくとも、言語学史では、ボップからシュライヒャーをたどれば大まかな流れは理解できるので、ミュラーは省略されることも多い。もちろん、金沢庄三郎らによる翻訳はあるのだが、『比較宗教学』ほどのインパクトはなく、言語学においては影が薄い。

ミュラーが、「アーリア」を拡大使用し、ナチ思想に影響を与えたと指弾されることもある。たしかに、ミュラーの『言語の科学』という大著（2巻本）では、印欧語を「アーリア語族」として扱っていて、これは、先の三段階でいう第二段階にあたる。とはいえ、『言語の科学』は、サンスクリット語に関する記述が相対的に多いが、ギリシア・ローマ時代から19世紀までの言語研究や、普遍言語思想、人工言語などにも触れ、印欧語族以外にもセム語族やウラル・アルタイ語族を扱っており、広範な知識が学べる概説書としては悪くないものだ。いまでは、ウラル語族とアルタイ語族をまとめないことが多いが、この時代は大くくりにまとめることも多かったので、ミュラーだけの独断というわけでもない。記述にも特段差別的な書き方は見られない。

しかし、問題がないわけではない。ミュラーはその関心の広さもあって、アーリア語族とした印欧語族という言語の問題と、民族の問題、宗教を含む信仰や思想の問題を同じように扱った。

本来、特定の言語を話す民族集団がすべて同じ宗教や信仰を持っているとは決めつけられない。特に民族集団がいくつかにわかれ、文化に変異があるとき、信仰にも変異がある可能性は考えられる。一を聞いて十を知るほどの秀才であったとしても、一を見て千や万を決めつけるのでは科学的な議論にならない。

†過激な師のトンデモ説

また、ミュラーの師の一人であったウジェーヌ・ビュルヌフの従兄弟エミール＝ルイ・ビュルヌフ（1821−1907）がミュラーと同世代で影響を与えたともいわれている。実は、このエミール・ビュルヌフは、アーリア至上主義を掲げる民族主義者として知られているのであるが、ウジェーヌのほうは特に人種差別的な傾向が明確なわけではないし、同じようにミュラーが偏見と差別の思想を抱いていたとも断言できない。しかし、エミール・ビュルヌフの考えは過激である。

彼は、アーリア民族はもともと多神教的で、セム民族は一神教的だが、アーリア民族はキリスト教受容においてセム化して一神教的になったと考えた。ここでいうアーリア民族は印欧語族のことで、セム民族はアラビア語やヘブライ語を含むセム語族（いまは、アフロ・アジア語族が一般的）が想定されている。特にアーリア民族は、イランを中心とする民族ではなく、「われわれアーリア民族」と措定されている。

ここでの「アーリア」の意味は、ミュラーの使っている第二段階からヨーロッパ人を中心に想定する第三段階に移行している。しかもエミールは、民族の階層のなかでアーリア人こそ諸民族の最上位に君臨するとした。セム民族は成長が早いが15～16歳以降は成長しないのに対して、アーリア人は成長はゆっくりだがいつまでも成長が続くと考えたのである。

ここまで来るとまったく科学性のないトンデモ説で、しかも、イエス・キリストはアーリア人だとするなど、まったくの牽強付会で合理的な根拠がない言説である。これは19世紀後半のことであり、日本でいえば維新から明治前半のころの話ではあるが、価値観や世界観が思いのほか短い時間で変わってしまうことを実感する。

ミュラーは、明確に偏見や差別を述べているわけではないが、言語学的な概念であった「アーリア」を、人類学や歴史学や宗教学に不正確なまま安易に解放してしまったという責めは負わねばならないだろう。ミュラーが意図的に誤謬や偏見を拡散させたのでないのにもかかわらず、言語学史のなかでミュラーが引かれるときにはなぜ「アーリア人」の言語学の外への不法な媒介者という説明がなされるのだろうか。これについては、長田俊樹が指摘しているが、ミュラーみずからが反省の弁を述べていることが影響しているだろう。

†言語学的「アーリア人」から「アーリア民族」への変容

言語学のなかでより深くこの誤解の普及に関わっている人物は、実はあまり知られていない。それは、アドルフ・ピクテ（Adolphe Pictet、1799―1875）である。ピクテは、スイスの言語学者・文献学者で、職業軍人でもあった。ボップがケルト語を印欧語に含めたのはピクテの研究の影響だとされ、13歳のソシュールが印欧語比較言語学の基礎を学んだのもピクテの著作を通じてであると言う。言語学の確固たる業績はあるのだが、主著『印欧語の起源、あるいは、原始アーリア語』はそれほど著名とは言えない（日本の学術機関でも東大・京大を含む3件ほどしか所蔵がないようだ）。

ピクテは原始アーリア主義の最も熱狂的な主導者で、みずからを原始アーリア人の子孫の1人としているから、ヨーロッパに中心が移行したアーリア民族という第三段階の見方にあたり、ヒトラーに近い。

ミュラーの第二段階からさらに進んだピクテと民族主義的な東洋学者エミール・ビュルヌフに共通するのは、言語学的な「アーリア人」を逸脱して、一神教か多神教かという信仰や宗教の観点からとらえていることである。ピクテは、原始アーリア人は牧畜民で多神教だったとされるが、遡れば一神教のはずだとし、それを証明しようとした。サンスクリット語の「天なる神」にアーリア人の唯一神を重ね合わせ、原始アーリア人の一神教が弱いので、多神教に陥ったと考えたのだが、キリスト教の一神教が浸潤したヨーロッパ文化との整合性が問題になっていたことがよくわかる。

印欧語比較言語学では、印欧語族が本来どこにいたのかが印欧祖語再建の観点から問題になることがあり、これは歴史学のテーマにもなりうる。印欧語の故郷については、インド学者テオドール・ベンファイ（1809—81）がヨーロッパ説を、言語哲学者ラツァルス・ガイガー（1829—70）がドイツ説を唱えた。

人類学者カール・ペンカは『アーリア人の起源』（1883年）で人類の統一的な起源は中部ヨーロッパであり、氷河時代にもそこに残ったのがアーリア人だと主張したが、人類の起源をアフリカと考える現在の一般的な見解とは異なる。一般には、考古学者グスタフ・コッシナ（1858—1931）の北ドイツ説（1902年）からナチス・ゲルマンの思想形成が始まったとされるが、19世紀末から20世紀初頭にかけて、「アーリア人」の概念はすでに言語学を離れ、本来の意味ともずれた第三段階に移り始めていた（モーリス・オランデール『エデンの園の言語』、風間喜代三『印欧語の故郷を探る』などに詳しい記述がある）。

†言語学と戦争と福祉

ヒトラーの『わが闘争』は、1925〜26年に刊行されているので、まだ彼が政治的にそれほど大きな力を持ってはいない時代の考えが色濃いと見ることができる。アーリア人を印欧語族の祖先であるとする第二段階から、ヨーロッパ民族の祖先とする第三段階の見方が広がっていた時代で、特にドイツ北方がアーリア人の起源となる土地だとする考えが広がっていた時期である。ドイツ人を中心とするヨーロッパの白人がアーリア人の子孫であり、アーリア人が優れた種族だとする考えも既に見られ、アーリア人たる印欧語族をセム語族の対立概念とする考えも見られた。

セム語族の中心はヘブライ語やアラビア語である。とすれば、ヒトラーの考えの基盤となる要素は既に出そろっており、彼の創案にかかるものとは言えないだろう。この時期、話しことばとしてのヘブライ語は実質的には存在していないと言ってよい状態だが（第1章）、言語と民族を科学的に区別する姿勢がなければ、ヘブライ語を話していなくてもユダヤ人はユダヤ人だと見なしたのだろう。

『わが闘争』のなかで、ヒトラーがモンゴロイドを含む有色人種をさげすんでいることや人種混血がアーリア人を没落させたと批判していることなどについて、現代の私たちの価値観や倫理観で改めて論難する必要はないだろう。面白いのは、アーリア人は文化を創始する「文化創造的」人種と位置づけられているのに対し、日本人は「文化支持的」人種で、欧米のアーリア人種が築き上げた文化や文明を表層的に発展させたり保持したりはできても、ゼロから創出はできないと述べている点である。これにいま反証を出して論じるまでもあるまい。

ヒトラーは、アーリア人種とユダヤ人を対比して両極の民族としているが、これはエミール・ビュルヌフがアーリア人とセム民族を対立軸に設定したのと同じである。さらにさかのぼれば、これは多神教と一神教の対比にも重なるが、多神教・一神教は他の地域にも見られるから、過剰に対立を簡素化していることになる。しかも、ヨーロッパのキリスト教文化は尊重したいから、アーリア人が多神教であった過去から一神教の現在に転じるポイントを盛り込んで論理構成しているのである。セム民族はユダヤ人に限定され、アーリア人が何段階にもずらされる論理の飛躍があって、同じ前提から出発したとは考えられないほどだ。

†言語学の「記述的」態度と「規範的」態度

とは言え、言語学的に措定された「アーリア人」が実在のどの民族（群）に対応するかという関心も、文献資料から言語を復元していくにあたってその物質文化や精神文化を明らかにしたいという気持ちも、純粋な学問的欲求としては理解できる。いまでも、比較言語学は考古学や歴史学、人類学や宗教学、哲学などと成果を相互に活用し合うことがある。

問題は、すでに言語学の手を離れた時点で「言語学的には、ドイツ人を指してアーリア人とするのは誤りだ」と言語学者が言えるかどうかだろう。学問が真実の探究を第一義とするならむしろ政治に関わるべきではない、と考えることがこれまでは多かった。ときの統治者や政府の意に染まないことであっても、科学的に正しいと信ずることを正しいと述べるには、権力の介入から自由であるべきだとしたからである。このような考えはどの学問の根底にも濃淡の違いこそあれ見られると思うが、言語学の場合、中立的な立場から先入観にとらわれずに言語事実をありのままに受け止めることが優先されると教え込まれるので、さらにその傾向は強くなる。

この姿勢を言語学は「記述的」態度などといい、あらかじめ正誤や優劣を決める「規範的」態度と対比される。この記述と規範は言語学の根本問題の1つなので別途論じるが、記述的であろうとすることで社会や政治の間違いを見ても口をつぐんでしまうのだとしたら、それは学術的に見ても理想的な態度とは言えないと思うのである。

4 言語の単一性と多様性

†バベルの塔と単一言語幻想

旧約聖書に出てくるバベルの塔の話はよく知られている。ピーテル・ブリューゲルの絵で見たことがあるという方もあろうが、もちろん、あれは想像に過ぎない。人間が天まで届く高い塔を建てようと傲慢なもくろみを持ったので、神の怒りを買い、高い塔を建てようとした人々のことばがばらばらになって通じなくなったという寓話で、混乱という意味の語からバベルと呼ばれたというのである。

つまり、神の逆鱗《げきりん》に触れる以前、人間はみな1つの同じ言語を話していて、天罰として言語が多様化したことになる。逆に言えば、人間が謙虚に暮らしていた昔には人は皆1つの言語を話していて、だれとでもコミュニケーションできたわけである。これを言語思想史では「単一言語幻想」と呼んでいる。もともとエデンの園にアダムとイブしかいないのなら古代は単一言語だったと考えるのはむしろ当然かもしれない。

ヨーロッパで普遍言語の設計などの考えが現れるのは、この単一言語幻想が背景にあるからだとする指摘もある。ザメンホフのエスペラントという人工国際語は、他の人工語が潰《つい》えていく中で唯一生き残り、成功したと言ってもいいだろう（が、話者数は英語にはるかに及ばない）。人類が共有できる言語という理想もある種の単一言語幻想の現れである。

比較言語学で想定する祖語は、その語彙や文法が推定できるものでなければならないが、すべての語族を束ねる祖語を設定する考えも、これまでにはあった。これは科学的な推定の範囲を超えていてトンデモ仮説ではあるが、そう考えたくなるほど、単一言語幻想は特に欧米で根強いのである。もちろん、1つしか言語がない状況で人間が神と意思疎通できるのなら、その言語は神の言語に近いとも言えるだろう。

そして、言語がいくつもあるせいで人間は諍《いさか》いを始めて、協調することができなくなったという点を重視して、言語が1つだけになれば戦争も紛争も対立もなくなると主張する人がいる。言語が1つだけなら意思疎通の点では便利だが、文化の多様性はなくなってしまう。むしろ、今世紀中に地球の言語の半数が消滅して言語多様性が低下するとユネスコなどでは推測されており、この言語多様性を守ることが必要だと多くの言語学者が考えている。つまり、単一言語幻想とは逆向きのベクトルも存在しているのだ。

†グローバル化した日本の逆説

日本では、1960年代から国際化が叫ばれ、1990年代以降はグローバル化などと言われて、簡単に外国に行ける時代になり、外国からも観光客が多数日本にやってくるようになった。インターネットが発達し、地球の裏側の人とも容易にやりとりできるようになり、情報も一瞬のうちに地球を駆け巡るようになった。英語のできる人が増え、英語で非英語圏の人とも連絡ができるようになり、まだまだ理想にはほど遠いものの、「国際化」はこの半世紀でだいぶ進んだと言えるだろう。

では、紛争や戦争がなくなり、人々が国家の垣根を意識しないで暮らせるようになったかと言えば、残念ながらそうではない。日本人は、以前に比べて海外留学者も減って、若者は「内向き」だと言われる時代になっている。テレビでは「日本はいい国だ」「日本人でよかった」「外国人も日本を評価している」というメッセージを中核に据えた番組が放送されている。自己評価が低い日本人の自己評価を高めるのは悪いことではないが、他者としての外国に関心を持たなくなり、自分とその周辺にばかり目が向くのだとしたら、それは望ましいとは言えない。

物理的な国家の垣根が低くなっても、心理的に他者を拒絶し、自国を優先することばかりを喧伝することも多くなって、20世紀にみんなが理想としてめざしていた融和社会とはまったく異なる様相を呈している。

†言語は災厄のもとか、解決の手段か

20世紀末に故徳川宗賢氏は言語研究が個々人と社会の幸福・福祉に貢献することを理想としてウェルフェア・リングィスティクス（welfare linguistics）を提唱した。これは、「福祉言語学」と訳されることもあるが、人間が社会生活を送る上でことばがトラブルや失敗、不幸の要因になっているのなら、その解消に役に立つような言語研究を目指すというものである。

近年「パワハラ」などハラスメントがよく話題になる。ハラスメント（harassment）は、本来「しつこく追い詰めて参らせる」ことを指すが、いまの日本ではかなり意味が拡張されて使われている。法律用語や専門用語ではないので、定義などが明確でないまま広がったせいだろう。暴行や脅迫、あるいは強要といった罪に問えるものは明確な罪状がつくので除外すると、おおむね「言動」によって生じるのがパワハラということになる。社会的な人間関係の中では、上の者の言うことが不合理であっても、下の者は正したり拒否したり言い返したりしにくいのが普通だが、部下のほうが「そんなのパワハラじゃないですか。

訴えますよ」と言い返したのなら、それをどう扱うかは難しい。「おまえ、馬鹿だなあ」という発言も前後の文脈次第で解釈が変わってくる。

言語学が世界の災禍を一掃し、平和な社会をすぐに作れるわけではないが、役に立つすきまがあるのならニッチな学問として生きていくことにも意義があると思う。近年は法廷言語学（forensic linguistics）という分野も出てきている。「殺してやる」のような発言も言い方次第で仲のいい友人間での冗談で済む一方で、殺害予告や脅迫になってしまう可能性がある。刃物などの凶器を手にした人が言えば冗談では済まないし、具体的な日時や場所、方法、動機などを明示しながら言えば、予告になってしまう。

ここでいう「文脈」には、前後関係以外に発話状況やさまざまな知識（知っている情報全体）も含まれる。文脈の観点から研究する領域を「語用論」と言い（第2章）、この種のことを扱える法廷語用論（forensic pragmatics）もあるが、まだまだ発達途上である。

ヤコブ・メイという語用論学者は、教師と生徒・学生、上司と部下、医者と患者など、対等な力関係でないところには「抑圧」が生じやすいと既に指摘している。

近代言語学は人間味がなく、言語形式という無味乾燥なものだけを相手にしていると批判されることがあるが、そういう面があることは事実であるにしても、人間的なところもあるのである。だいたい、コミュニケーションを不備や失敗、誤解といった人間的なところから捉えると、完全無欠なシステムとしての言語からは遠ざかっていくことになる。それどころか、人間味のある言語学を再構築すべきなのではないかと考える言語学者も増えてきており、新しい時代の言語学の方向性の1つと見ることもできそうである。

第 4 章

記述言語学の技法

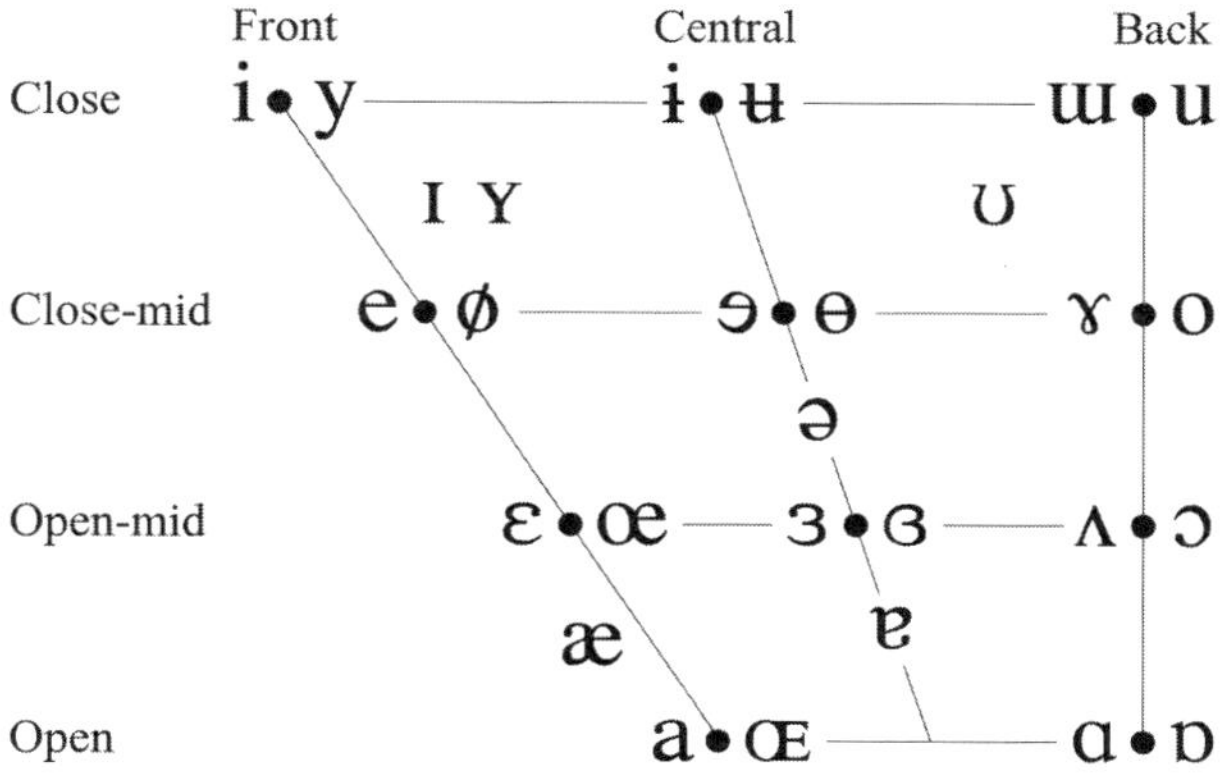

国際音声記号による母音体系（国際音声学会2018年改訂版）

言語学概説書や大学での概論講義では、言語学は「記述的」な態度をとり、「規範的」な態度はとらないと教授されることが多い。

記述的とは descriptive の訳語で「主観を交えずに事実をそのまま書き留めるような」姿勢をとることで、規範的とは prescriptive の訳語で「何が理想的で望ましいかの判断を示すような」姿勢をとることを意味している。

前者は現実や事実を述べているので「ザイン」(Sein)、後者はいかにすべきかという義務や当為性を述べているので「ゾルレン」(Sollen) という対比に相当する。加えて、「フランス語は美しい」「ドイツ語は男性的だ」などという主観的な捉え方をしないこと、「X語は論理的だ」「Y語はZ語よりも優れている」といった科学的根拠や基準が不明な見方をしないことも、強く教え込まれる。これは、科学性を重視する学問であれば、理系だけでなく、文系でも同じだろうと思う。

1　言語学は自然科学だ

†科学性の呪縛

戦後しばらくは「日本語は湿った言語だ」という言い方が見られた。日本人が母語として日本語を見るときは、その時代の国際情勢や国民としての気分のようなものが反映することがあり、敗戦国として意気消沈していた時期の気分を表しているのなら見過ごせばよい。

もちろん「湿った」というのは比喩だから、「湿り」がどの特性や状態を具体的に意味しているのかが明らかでなければならないし、その度合いを想定するならどういう尺度を考えるのかも明確にしておく必要がある。ところが、日本語は膠着語《こうちゃくご》でぐちゃぐちゃいろいろなものがくっついてべたべたしているから湿っているというのだ、と言われると膠着度が湿り具合に相当する。

言語学では、言語の膠着度を測る定まった方法はないので、感覚的には理解できるところもあるものの、科学的な捉え方とは言えない。西洋で主流の屈折方式が「本体＋屈折部」という単純な構造であるのに対して、「考え－させ－られ－た－の－で－は－ない」のように「本体＋付加部＋……＋付加部」という構造が「べたべたと接着剤でくっつけたみたい」で「美しくない」あるいは「できが悪い」という偏見や侮蔑に基づいて、「膠着語」というレッテルを貼っているなら、そもそも科学的な分析や議論はできなくなる。膠着語や屈折語という区分は200年ほど前からあり、今でも使われることがあるものの、切り離しがたい影がまとわりついているのである。

言語学を、ソシュールは記号学の一分野に過ぎないとし（1916年『一般言語学講義』）、チョムスキーは（認知）心理学の下位分野としている（1968年『言語と精神』）。これらの考えは、言語学の機能と目標をどう設定するかで異なると言えるが、科学的であろうとする点で共通する指向性が明確に存在する。

この科学性という錦の御旗は、19世紀の比較言語学の時代（第3章）から存在してきた。現在でも、特に理論言語学では、言語学を自然科学の一領域と位置づけることが珍しくないが、それは観察から仮説を立て仮説を論証するという手順を踏む点、データを収集して分析する点、実験的手法をとり反証可能性と追検証可能性が担保されていなければならない点を、自然科学の方法論に沿っていると考えるからである。

「言語学は自然科学だ」という考えには、人文科学よりも自然科学の方が上等だという前提があるようでおかしいという反発もあるが、宇宙や地球、あるいは動物や植物といった外在の自然物を観察から始めて研究していく点で共通点もある。この場合は、言語を人間そのものから引き離し、人間にとって外側に存在するものと見るわけである。

†科学的な見方が「正否」を判断できるか？

科学的であるということは、非科学的な研究は排除するということでもある。1864年に創設されたパリ言語学会が、1866年に言語の起源に関する仮説を研究として受け付けないという規定を採択し、半世紀後に再確認したことはよく知られている。19世紀の後半と言えば、前章で触れたヘルダーの『言語起源論』からは一世紀近く、ルソーの『言語起源論』からもゆうに半世紀以上経過している。それでもこのテーマは人間の定義とも深く関わるものでヨーロッパでは思想的に重要なものだった。

人間の言語は動物の言語とは根本的に異なり、不連続な関係をなすとする見方や、感情の発露としてのメロディーが言語の始まりだとする考え（ルソーなど）は面白いが、科学的に成立するどうかを論じる課題にはなりにくい。言語学が科学を標榜する以上、思弁的な議論は除外するしかなかったということであるが、同時に、まだこの時期の言語学は、深い思想的なテーマに太刀打ちできない状況だったとも言えるだろう。

本来、科学的な研究とは機械的に同じ手順を踏めば再現され、妥当性が確認できるようなものだからこそ反証可能性は成り立つ。追検証可能性も含めて、同じ土俵で勝負できることが自然科学的な研究の基礎になっているのである。よって、圧倒的に優れた知性による高度な思想は、同じ土俵での勝負にならないから排除されてしまう。凡人が天才をひがんで追い出しているように見えなくもないが、それが科学的ということである。

フランス文学者の故篠沢秀夫氏は「ばかでもできるのが科学ということだ」とやや刺激的な言い方をしているが、科学であるということは進歩の末端を揃えるということでもある。もちろん、それが進歩の先端がさらに進みゆくのを妨げてはいけないが、全体として学問の歩みが遅いとしたら、こういった考えが無関係とは言えないだろう。

言語学は科学であろうとする態度のせいで、世間から見ると公平性と中立性を気にしすぎて、当たり障りのないことしか言わないつまらない学問のように見られているかもしれない。記述的な態度を重視すれば、事実に当たることは述べられるが、それが正しいかどうか、望ましいかどうか、を単純に判断するわけにはいかなくなる。

多くの言語学者は、一般の方から「この日本語は間違っていますよね」などと言われることが多いが、そもそも「間違っている」と「正しい」の二者択一では答えられないものがほとんどである。言語学サイドの問題としては、記述的態度に終始するあまり正否の判断を下せるものについても及び腰になりがちだということがあり、言語学に対して要望する側の問題としては、簡単に白黒つけたがるということがある。

言語学は記述的な態度をとり、記述を重視することにはなっているが、実は規範的な態度や考えが禁じられているわけではない。記述とは、いわばデータとしての事実を十分に観察することであるが、その結果、正否や適否に関する判断ができるのであれば、それを提案することは、むしろ自然なことである。根拠や理由があれば、「この表現は使うべきでない」とか、「これはこの意味で使うべきだ」といった規範的な考えを示すことがあってもいい。

しかし、記述を重視しなければならないという強迫観念のせいか、規範的な発言から腰が引けてしまうのである。この点は、言語学の認識を改めるような教育をおこなえば、徐々に改善できると思うが、もう一方の問題はおいそれと解決しそうにない。

†非文の存在と、理論言語学

シュライヒャーが祖語の再建形を示すのに導入したアステリスク（*）は、単語などに付してそれが実在すると確認されてはいないが推定される形態であることを示した。20世紀の後半には同じ記号が、「非文」を示すのに用いられるようになった。

「非文」は、文法的に適格でない文を表す言語学の専門用語だが、一般にはあまり普及していないせいか国語辞典には載っていないことが多い。例えば、「太郎が駅前の喫茶店でケーキを食べた」という文があるとき、「で」の直後に「は」を入れることはできるが、「が」の直後に「は」を入れると不適格な文になる。よって、「太郎が駅前の喫茶店ではケーキを食べた」に対して、アステリスクを用いて「*太郎がは駅前の喫茶店でケーキを食べた」のように非文を標示することになる。

格助詞の「で」「と」「へ」「から」「まで」「より」(「から」や「まで」は格助詞ではないときもある)は「では」「とは」のように「は」を直後に入れられるが、「が」は絶対に「がは」とはならない。「を」も「をは」にはならないが、古い言い方で「をば」があり、九州方言などでは「ば」だけで使う。「がは」は意味や場面が変われば成立するわけではなく、常に不適格である。

このように「構造的に不適格」な文を非文という。再建形も非文も思考上は想定されるが、現実には存在しないという点で共通しているわけである。

記述を中心とする言語学は、現実に使われたことばをデータとして蓄積していくので、非文は通常混ざり込まない。もちろん、人間なので言い間違えることはあるし、記述する言語学者が誤解したり誤記したりすることもあるが、それはデータを訂正すればよいから、最終的には除外される。

日本語を母語にしている人は「*私がは加藤です」ということはないし、言い間違いを想定してもデータとして記録することはまずないだろう。しかし、理論的に言語構造を研究する場合、思考実験として「は」はどんな助詞の直後にでも出現可能なのかと考えて検証することは研究上必要である。

「私では」が成立するのに「*私がは」がないのは、単なる偶然ではなく言語の構造規則によって定まっていると考えると、非文の研究には意味があることになる。チョムスキーなどによる理論言語学では、非文と適格文を比較して分析することが研究手法のなかで重要な部分を占める。そして、日本語の研究のなかでも、この手法は重視されているのである。

†方法論の異なりをうまく利用する

記述的にデータを蓄積していく方法をとる記述言語学は、未知の言語やデータの少ない言語を調査して研究する場合に力を発揮するのに対して、非文と適格文をデータとして仮説を立てて目に見えない構造を明らかにしていく理論言語学は、既によく知られていてデータが豊富な言語を対象にすることが多い。英語や日本語は、少なくとも標準語として1つの言語を想定すれば、理論言語学の対象になる。一方、地域差などの変異があれば、まずデータをとることから始めるので、記述言語学の出番ということになる。

このように見ると、記述言語学と理論言語学は、対立する関係のように見えるし、実際にそう思っている言語学者がいないわけではないが、方法論と力点が異なっているだけで、対立するわけではない。少なくとも、まったくデータのない言語を調査するときは記述言語学の方法論で記述することになるし、既に知られている言語と比較するときには、構造を抽象的に想定して分析するなら、理論言語学の研究になるだろう。

もちろん、理論言語学にしても、記述言語学にしても、研究の枠組みとしては高度に細分化されているので、その違いによって解釈や分析結果が違うことはある。そこではいずれの研究が優れているかという競争が生じることがあるが、これは言語学以外の研究領域でも生じることだ。

†日本語文法研究にある込み入った事情

日本語の文法の研究にはいくつかの方法論があるが、1980年代以降1つの流れになっているものに「日本語記述文法」がある。字面からすると記述言語学のようだが、理論言語学の方法論も取り込んでいて、両者を融合した面を持っている。

本来の記述文法は、日本語を母語として使用するわれわれの感覚も巧みに説明できる記述の深さ（=説明力）を目指して構想されたと見ることができるが、そこでは「現在の話しことばとしての日本語」を対象にすること、記述の深さが母語教育にも日本語教育にも有効であること、の2点が重要な特徴になっている。そして、この日本語記述文法でも、非文と適格文を用いた研究が主流になっている。

今でこそ話しことばを研究すると言っても違和感がないが、古くからある文法研究は文字資料のある文語が主たる対象だった。言語学でも、音声言語を第一義的な対象とするとは言うものの、古い時代の言語を研究するには文献資料を使うことになるため、書きことばを通して話しことば（音声言語）を研究する文献学的手法が長く主流だった。

書きことばを介さずに現代の話しことばを直接研究する場合、データとなる文献資料はなくとも、母語話者ならデータを作り出すことが可能であり、自分の周囲で使われているやりとりを使うこともできる。これは消費者がメーカーから購入するような流通の「中抜き」にも似ていて、分析者が自分でデータを入手する（作成することも含む）ことが可能になったのである。

古い時代の日本語を研究する場合は書かれた資料（文献資料）を入手して分析するしかない。書かれた資料とは昔の人が使った日本語の記録であり、印刷技術が確立する以前は著者とは異なる人物が筆写した写本（あるいは写本の写本）なので、誤写や明確でないところもある。しかし、データを分析者が恣意的に変更したり、改変したりすることはできない。一方、中抜きの現代語研究では、自分がデータをつくり、分析することもできるので、大きく恣意性が入り込む余地がある。

†言語学の科学性の弱点

ある現象Xを現出させるのに関与すると思われるa〜dというファクターがあるとすれば、4つの要因をコントロールしながら実験して比較するのが一般的であろう。言語学でも同じような方法を用いることがあるが、問題は、結果の判断である。自然科学の実験でも、結果をどう評価するかには多少ばらつきが出ることがあるかもしれないが、ある文が非文なのかどうかが単純に決まらないことが言語学では珍しくない。「太郎が来た」を「*太郎がは来た」とすると非文になるケースは、人によって判断が分かれることはないが、例えば二重ヲ格制約では判断が分かれることがある。

二重ヲ格制約とは、1つの述部に対して直接かかる「名詞句＋を」の句が2つ以上あってはいけないという制約である。「私は課題曲を練習した」も、「私は課題曲の練習をした」も、いずれも正しいが、これらは「名詞句＋を」が1つだけでそれぞれ述部（前者は「練習した」、後者は「した」）にかかっていて、おかしくはない。ところが、「私は課題曲を練習をした」とすると、二重ヲ格制約にひっかかる。構造的にはこの文は変なのであるが、これを非文とするかは微妙なところがある。

作文教育や文章校正では、明らかに誤りと言えなくても誤りが疑われる表現は直した方がよいし、「練習をした」の「を」をとって「練習した」にすれば一件落着なので、そう処理すればよい。ただ、非文かどうかは直観（intuition）で判断することになっているので、理屈で考えないで感覚的に判断を下すことになる。この判断の個人差が思いのほか大きいことがある。

「私は課題曲を練習をした」でも別に変だと思わないという人がいる。これは、意味がわかれば別に気にしないという人で、よく言えば鷹揚《おうよう》だが、言語学的に言えば言語感覚が鈍いのである。

いま「鷹揚」な人と述べたが、判断する人の性格がデータに大きく影響するようでは、ほんとうは困る。日本語は、名詞＋助詞の順番を入れ替えても文は成立する（理論言語学では「かき混ぜ」と言う）ので、「太郎が電車で家に帰った」は「家に太郎が電車で帰った」でも「電車で家に太郎が帰った」でも非文ではない。「私は課題曲を練習をした」は、名詞＋「を」を入れ替えて「私は練習を課題曲をした」とすると成立しない。「私は課題曲を練習をした」に違和感がないという人も、入れ替えると違和感があると普通答える。実は、直観で判断すると言っても、ある程度言語学的な訓練を受けていないと適切な判断にならないことが多いのである。

†デジタルではなく連続体として見る

このように見てくると、非文か否かを迷わずに判断できるのかと疑問に感じる方が多いだろう。また、「変だ」「違和感がある」といったことと非文であることとの関係はどうなっているのか、と疑問を持つ人も多いと思う。後者の第二の疑問のほうが興味深いようにも感じるが、まず、前者の第一の疑問から答えたい。

これは端的に言って、言語をどういう体系と見るか、どういう方法論で扱うかによっていろいろと異なる、ということになる。言語が厳密な規則で説明できる構造体をなすと見る立場で、ものごとを白と黒にきっちり分けて考える方法を用いるなら、どこかで非文と適格文の境界線を設けて二分することになる。現象を白と黒、あるいは、丸と四角、プラスとマイナス、のように、2つに分けて、中間段階を想定しないやり方を「離散的」(discrete)と言う。ちょうど、0と1でデータを記述するデジタル方式と同じで、すべての属性を2つの値に分けるので「二値的素性方式」と言うこともある。この場合、無理矢理にでも非文と適格文に分けてしまうことになる。

一方、言語をもっと柔らかでおおまかな構造体と見る立場もある。自動車のハンドルに遊びがあるように、言語にも遊びがあると考えるのである。遊びがあることで、それほど神経質にならなくても、多少の誤差があっても、必要な機能を果たすことができる。

また、離散的に捉えるのではなく、中間段階を認めて連続的に捉える方法をとることも可能である。この場合は、非文と適格文に二分するのではなく、いろいろな段階を想定することになる。アンケートなどを用いて一定の数の話者を対象に自然さを調査して、数値で表すことも可能で、例えば完全な適格文が100パーセントや1・0で、完全な非文が0パーセントや0・0で設定されることになる。ただ、不特定多数の回答者から回答を得ると、完全な適格文や非文でも100や0にならないことがある（すべての回答者に質問の意味が正確に理解されるわけではないからだ）。もちろん、99・8パーセントと92・5パーセントではその差を生む、なんらかの事情があるのかもしれないが、文法の研究では、あまり細かく分けすぎると理論的な説明がしにくいこともある。

そこで、ずいぶん前から非文と適格文の間に疑問符（?）をつけて表す「疑非文」（この「疑」は「疑陽性」の「疑」で、「〈似ていて〉まぎらわしい」ということだ）を設定している。非文とは言えないが、適格文とも言えず、「不自然な文」という意味である。

疑問符（?）を1つと3つで表し分けて、適格文に近い疑非文と非文に近い疑非文に分けるやり方もあり、ちょうど、白に近い灰色と黒に近い灰色に相当する。アンケートに基づく場合は、数値上の根拠があるわけだが、分析者が直観で区分すると怪しいものが混じっていることもある。ともあれ、この連続性を尊重するやり方でも、無限の連続性では理論化しにくいので、非文と適格文の二段階ではなく、間を加えて三段階あるいは四段階にすることが多く、離散性と連続性の両方を尊重した融和策になっている。

†正しく「違和感」の正体を見極める

先ほど挙げた第二の疑問にも触れておきたい。「違和感」と非文の関係である。日本語ではかき混ぜが可能なので「太郎が電車で家に帰った」は「電車で家に太郎が帰った」でも非文ではないと前節で述べた。これらはいずれも文法的には誤りでないので、非文ではない。しかし、不自然な感じや違和感が全くないわけでもない。

たとえば、太郎という知り合いがいて、この人物が自家用車やタクシーは使わず、主たる交通機関として鉄道を使って帰宅したことを別の知人に知らせる場面で、私たちは何というのかを考えてみよう。ここで「さあ、あなたならなんと言いますか」と聞かれて答えるのは簡単なようで実は難しい。

まず、話し手・聞き手と太郎という人物の関係がわからないと「太郎さん」「太郎くん」「太郎」のいずれにするのか決まらないし、聞き手が太郎を知らなければ「太郎という人」や「太郎くんという同僚」のように「という」を使うのが配慮ある発話になる。このことを除外して考えたとしても、「太郎が電車で家に帰った」と言うのは唐突である。「太郎はどうした?」と聞かれて答えるときやみんなが太郎の行方を捜しているときであれば、普通の人は「太郎は電車で家に帰った」のように言い、「太郎が……」のようには言わない。「みんな困った顔をしているけど、いったい何があったの?」と聞かれれば「太郎が……」というだろうが、この場合も目上の人に言うなら「太郎が電車で家に帰ってしまいました」のように、目上の人でなければ「太郎が電車で家に帰ったんだよ」などと言うだろう。つまり、「太郎が電車で家に帰った」は日本語として文法的に誤りはないが、このまま実際に用いる場面は想定しにくいので、自然でないと感じる人がいるのである。

もちろん、「太郎が電車で家に帰ったことはクラスメイト全員が知っていた」のように従属節にすれば使える。「太郎が電車で家に帰ったらしいぞ」のようにすれば、使える場面はもっと思い浮かべやすくなり、違和感はなくなる。

つまり、ここで言う違和感は、実際にそういう発話を使うのか、どういう場面や状況でいうのか、といった点が想像しにくいと強まるもので、文の構造に対する違和感や不自然さではない。これはことばの使用や運用の上で生じる感覚なのである。言語運用にかかわる印象や感じ方は、語用論的受容度である。

これは、言語構造としての成立にかかわる文法的な適格性とは異なる。一般には文法的適格性と語用論的受容度は区別されずに、「変だ」「間違っている」などと印象批評的に語られることが多い。言語学的な訓練とは、文法論と語用論の区別がついて、何が問題なのかが明らかにできるようにするためのものである。

†性差、年齢差、地域差を考慮した変異

文法的適格性は、文の構造に関する判断なので比較的単純である。「見かけたません」は日本語として誤りで「見かけませんでした」なら正しいという判断は、母語話者ならだいたい一致する。ただ、多数の人に聞くと「見かけたません」とは絶対に言わないけど正しいとか誤りとかはわからないという謙虚な人や、「見かけてません、なら言うよね」と答える人（質問の意図を理解していない人）などもいて、きれいに100パーセントの非文判断にはならないのである。「見かけたません」は、性差や年齢差はあまりなく、地域差もあまりないと思われるが、性差や年齢差や地域差が見られることもある。

「偏り」は「偏りが大きい」のように名詞で使うが、もともと「偏る」という動詞の連用形である。言語学では品詞が変じることを転成あるいは転換というので、動詞から名詞に転じたということで、動詞連用形に由来する名詞を転成名詞と呼んでいる。この種の転成

名詞のなかには、他の語（多くは名詞）の後ろに付いて複合名詞をつくるものが珍しくない。「親離れ」「人聞き（が悪い）」「謎かけ」「悪酔い」「足手まとい」などいろいろあるが、これらは、名詞と（転成）名詞が複合したものなので、原則として動詞には戻せない。「親離れる」とか「悪酔う」とか「足手まとう」などとは、本来言えないので辞書にも載っていない。

ところが、最近、若い人のなかに「親離れた」「足止める」などと使う例が見られる。まだ逸脱的であることを意識していることが多いと思うが、これが定着すれば文法的適格性が年齢層で異なることになる可能性はある。もっとも、「目覚まし」は「目覚ます」とは言わないが、「目覚め」は「目覚める」と言うので、既存の語彙《ごい》のなかにも原則通りでないものがあるわけで、誤りと断言するほど単純な話ではない。それでも、文法構造に関する判断は、多少の変異はあるものの、言語としてある程度固定していると考えることができる。

先ほど取り上げた「電車で家に太郎が帰った」はやはり非文ではないが、「太郎が電車で家に帰った」よりも違和感が強いのではないだろうか。日本語の文は、述部が最後に来て終わることが文法上決まっている（「述部文末規則」などと言う）が、それ以外の副詞句や名詞＋格助詞など（連体修飾句は除く）は入れ替えても成立するとされる。

しかし、入れ替えてもまったく意味が変わらないわけではなく、情報構造が変わることが多い。情報構造が変わると、情報の力点や配分、あるいは、相手が知っていることか知らないことかなどが変わることになる。「電車で家に太郎が帰った」の情報構造は、文脈の影響を受けるが、前段のやりとりなしで唐突に言うと「太郎」に焦点を置く解釈に傾くので、「電車で家に帰ったのは、ほかならぬ太郎だ」のような意味に近くなる。

2 「正しい日本語」という呪縛

†語用論として情報を解釈する

情報構造は語用論的な解釈なので、この種の違和感は、構造として不適切だというものではない。実際に使う場面を想定してみるとかなり特殊な文脈でないと使わない文であって、結果として使用頻度が低くて現実味のないことによって違和感が生じているのである。

どんな文脈なら問題なく使えるかを瞬時に思い浮かべて適切性を判断するのは容易ではない。故金田一春彦氏が挙げた例に「私の娘は男の子です」という例文がある。これを見ると「娘が男の子なのはおかしい」と感じるが、年配者が孫の話をしていて「うちの娘に女の子が生まれました」「私も初孫が生まれましてね、うちの娘は男の子です」なら別段おかしくはない。

想像力と知識が必要になるので、言語学的な訓練だけで、うまく判断できるようになるとは限らない。言語感覚が鈍い人がいるように言語感覚が鋭い人もいて、若い学生でも「この文はこのままでは変だけれど、こういう場面と文脈でなら、自然になる」と瞬時に説明できる人がいる。訓練しなくても判断と説明ができる人は、文法研究には向いているが、言語研究者の中にもセンスのよくない人がいるので、足りない部分は努力で補うしかない。

以上、見てきたように、自然さや違和感と言っても、その実態としては、文法構造に関する適格性と使用上の語用論的受容度に関するものが混然一体としていて、言語学ではそれを区分する必要があることを述べた。

文法構造として不適格である非文をアステリスク（*）で表すのに対して、語用論的な受容度に問題がある場合は、ハッシュマーク（#）を付けるのが今では一般的である。なお、音楽で半音高いことをsharpというので嬰《えい》記号もそれに似た井桁《いげた》もシャープと日本語では言っているが、厳密には記号の形状が異なり、序数を表すのに使うハッシュマークも混同されてシャープとして定着している。

この語用論的な受容度は、実は、言語知識だけで決められないものでもあり、難しい。例えば、「昨夜2頭の象が西に向かって空を飛んでいきました」という文は、文法構造には問題がなく適格文であるが、内容が事実とは考えにくいので変だと感じられる。私たちの知識の中では象という生物は空を飛ばない。これは語用論的な受容度に影響する。「その鶏はびっくりして1メートルばかり飛んで逃げていった」とすると、鶏は空を飛ばないけれども、短い距離をはねるように移動するときに羽ばたくことがあり、「飛ぶ」と言えなくもないと考えて、そこまで変だとは感じないのではなかろうか。語用論的な受容度について考えると、言語から逸脱するところもあり、さらに単純な判断が下しにくくなるのである。

†正解を求める心理と発想

このように正否の単純な判断が決めにくい状況があっても、多くの人は正しいのか間違いなのかを知りたいと考える。正解と誤りをクイズのように簡単に決められたら便利であるが、実際にはそれほど簡単でないのが、現実である。

具体例で考えてみよう。「煮詰まってきたようだな」と上司が言っている状況では、結論がすぐに出るだろうか、しばらく出ないだろうか。「考えが煮詰まる」と、考えは完成段階に入っているので、結論がすぐに出ることが期待できるとするのが、1970年代までの答えである。しかし、現代では、「人が煮詰まる」とアイディアが出なくなるので、成案がすぐには得られないだろうと考える人が多くなっている。後者は昭和が終わりに近づいたころから見られる用法だが、誤りとされることも多かった。

しかし、前者で煮詰まるのは「考え」であり、後者で煮詰まるのは「人(の思考能力)」であって、これは意味用法が異なる。つまり、「煮詰まる」に新しい意味用法が加わったと考えるのが客観的な見方であり、それがあまり広まらないうちは受容されなかったが、広く浸透するにつれて受容されるようになったのである。

少なくとも日本では、使用実態を調査することはあっても、正誤を公的に判断する組織や機関は存在しない。使用実態の調査は「記述」にあたり、正誤の判断は「規範」を定めることに相当するが、ほぼ「記述」に徹しているのである。

外国に目を転じると、言語純化運動を推進している国(例えば、韓国やトルコなど)では、使用すべき語彙や使用すべきでない語彙を定めているところはある。これは規範的だが、厳密に言うと正誤を定めているわけではない。受容度によって変化するのであれば、ある意味で民主的ではあるが、白黒をはっきり決めるようなことはできない。「とてもおいしい」は現在では間違いだとほとんど誰も思わないが、大正時代の辞書には「とても」は肯定文で使うべきでないとしているものがある。もともと「どうしても」に近い意味で「とてもできない」のように否定で使うものと考えられていたからである。

「とても」のように変化がほぼ終わって広く肯定文でも使うようになったものは問題にならないが、中には変化途上のものも多い。「檄《げき》を飛ばす」は本来「アジテーションをする・煽動《せんどう》する」の意だったが、いまでは「激励する」の意に理解する人が増えている。しかし、「発破をかける」のように、強い激励の意から煽動の意にまたがるものもあり、この意味変化もまったくの誤解と切り捨てにくい（他の例は、前掲『日本人も悩む日本語』などを参照）。

このため、言語学者は記述的な態度に徹して、簡単に正誤を判断しない。求められれば、いずれが望ましいかについて見解を述べることはできるが、慎重な人が多い。もちろん、文部科学省も文化庁も国立国語研究所も各大学も正誤を示したりはしない。

国語辞典のなかには、新しい用法が広がっていることを記したり、踏み込んでいずれが適切かを記したりするものがあるが、最近は、はっきり正誤に言及するものは少なくなっている。国語辞典は、個々に説明や扱いが違い、版が違えば収載する語や記述が異なるので興味深いが、複数の辞書を引き比べてみる人はそれほど多くないだろう。また、辞書の中には権威あるものもあるが、ありていに言えば、個々の出版社の商品であり、国が定めた公式見解のようなものではないのである。

†文法と論理を重ね合わせる背景

では、人々はなぜ定めにくいことばの「正解」を求めるのだろうか。もちろん、自分でいちいち正誤を考えて判断するよりも、人に判断してもらってそれを教えてもらう方が格段に楽である。また、ことばの教育に携わる人は、正誤の基準があった方が助かる。公的に文章を発表する人やそのチェックをする人も、基準がまとまっていた方が便利だ。これらは、便宜上正誤を決めておいてほしいという、ある意味で合理的な要望である。

私は、別次元の流れが存在すると考えている。それは、文法を論理と重ね合わせる考え方である。文法といったことばの規則に論理性を見るのは、西欧特有とまでは言わないが、ある意味で西欧的な考えである。

ロゴスとしてことばと論理を重ね合わせると、ことばの規則は論理の規則体系として抽出できる。このときの論理はいわゆる論理学でいう命題論理などとは異なり、整然とした体系性や規則性が見いだされるという程度のことである。

西欧では、ポール・ロワイヤル文法などに見られるように、文法は論理的な表現力（知識人の文章力）を養成する「文法教育」と結びついていた。しかも、欧米では1694年のアカデミー・フランセーズの辞書を皮切りに、1755年にイギリスでサミュエル・ジョンソンの辞書が、1825年にアメリカでウェブスターの辞書が刊行され、グリムの『ドイツ語辞典』も1852年に刊行が始まった。

もちろん、日本でも18世紀の半ばには富士谷成章《なりあきら》や本居宣長の文法研究が見られ、その流れをくむ八衢《やちまた》派が係り結びや品詞分類、活用体系などについて成果をあげているし、19世紀には入手したオランダ語文法書に範をとった日本語文法書なども現れてはいたが、文法と言語教育とを結びつける状況にはなかった。また、いわゆる西欧式の近代辞書も作られてはいなかったが、特定の目的のための語彙集や字引は多く作られていたのだから、まったく後れをとっていたとまでは言えない。

日本における言語教育は、漢文にしても日本語の文語にしても、手本になるものを精読して身につけさせるというやり方であった。江戸時代に寺子屋で多く使われた『庭訓往来』は手紙のやりとりを収録した教科書の体裁をなしていて、まねて書いて漢字や文章法を学んだりした。また、『論語』を筆頭とする四書五経で武士は漢文を習得し、出世のための試験を受けたりした。

限られた数のアルファベットや表音文字を使う言語では、文字の習得はそれほど負担にはならないが、日本語の場合、習得すべき漢字を考えると相対的に負担は大きい。アルファベット等の言語でも綴りは習得の必要があるが、日本語では漢字の使い分けなどを考えると負担はさらに大きくなる。文法や論理という観点からことばの教育をする余裕は江戸時代まではなかっただろう。

†明治における「標準語」維新

しかし、明治になり近代化と西欧化の波が押し寄せると、状況が変化する。西欧の近代辞書は、その言語の語彙を網羅しており、言語の標準を示す機能を有する。

近世までの日本の辞書や字引は、それぞれの地域でそれぞれの知識人が先人の知恵を修正発展させる形で作られていて、ある意味で自由気ままな言語使用の状況を反映していた。欧米においても標準語にあたる概念が登場するのは19世紀後半であるが、科学的に言語を扱う考え方は先行していたと言えるだろう。

日本でも標準語として言語を管理しようという考えは19世紀末に向かって広がり、近代的な辞書の作成と文法教育の重要性は認識されるようになっていた。近代国家は中央集権化することで社会整備を進めていたが、実は並行して日本語も中央集権的に管理される道筋を歩みはじめていたのである。それが欧米列強に伍していく上では必要だったと言える。

あまり顧みられることがないが、実は明治期には多くの文法の教科書が刊行されている。国語教育はまだ試行錯誤の段階にあったが、文字の習得のあと文法を学ぶ段階へと進むのが一般的だった。

そして、文法とは「言語の論理性」を映し出す鏡のようなものと見なされていたのである。現代の国語の教科書は作品を精読して考えさせることに重点が置かれていることを考えれば、大きな違いだ。

当時は、論理的な言語であればその規則を整然と示し、科学的にその文法を説くことが可能であり、日本語にも論理性を備えた文法があって教授しなければならないという意識が強かったように見える。

山田文法で知られる山田孝雄《よしお》も松下文法で知られる松下大三郎も、欧米の言語に負けない論理的な文法を構築しようと高邁《こうまい》な理想を持っていた。山田の『日本文法論』（1908年）を見ても、松下の『標準日本文法』（1924年、1930年に訂正版）を見ても、論理体系として完成した文法を示すことが近代国家の必須条件であるかのような、強い理念を感じる。無論、それは教育全体にも時代の空気として及ぶ。かくして文法教育に割かれる比重は今よりも大きくなり、日本語を客観的に顧みることにもなった。

†単純化という葛藤

とはいえ、どんな言語もその実相は複雑であり、誰でもわかるような単純な規則としてまとめることは難しい。複雑であることと論理的であることは本来矛盾するとは限らないが、教育上は単純化することで効果が上がることも多い。もちろん、単純化すれば習得しやすくなるが、背後に切り捨てられる情報もあり、それらは永遠に補足されたり修正されたりせず、消え去るしかないのが普通である。

例えば、英語の at all という副詞句を教える場合、「否定文で用いて否定を強調する」と教えると、見かけ上は疑問文や肯定文で用いるケースがあるのに、これを切り捨てることになる。しかし、現実に英文を読んで目にする at all はほぼ否定文で否定を強めるものなので実害はなく、if 節で使われたり疑問文で使われたりする例を目にする頃には類推で整合する解釈（それも要は強調だが）を学習者自身が引き出せるようになっている。

この at all を「まったく」などと覚えると「まったく立派なものだ」のように使う日本語の影響を受けて（応用言語学的には「干渉」と言う）普通の肯定文で使ってしまう可能性があるので、先生は「at all は否定文でしか使わない」などと言う。もちろん、これは教育効果を考えた便法で、現実には否定文以外にも at all は出てくるわけである。

同じやり方を「全然」「ちっとも」「少しも」「まるで」などにも当てはめて「否定でしか使わない」と単純化することはあり得るだろう。例外が無視できるくらい少ないのなら、現実的にはそれであまり問題にはならない。

ところが、そうはうまくいかない。「まるでわからない」は「*まるでわかる」とは言えないが、「まるで社長(のよう)だ」と使うこともある。「全然」が江戸時代から使われていることは既に指摘があるが、話しことばでは戦前の落語などでも使われており、これを否定でしか使わないとは言えない。

ともあれ、「Xは否定文でしか用いない」のように言えれば、整然とした文法が教授されているようで喜ばしい。西欧語にある「過去形」や「進行形」(英語だけでフランス語やドイツ語にはないが)が日本語では「食べた」「食べている」という形式で対応するなど、西洋近代国家と対等な文法が作れそうな気がする。現在の言語学は「対等な文法」などとは考えないが、遅れて近代化を進めた20世紀前半の日本の知識人がそういった気分であったとしても、やむを得ないのではなかろうか。

†押しつけのゆがみが噴き出すとき

英語にある文法が日本語にないと足りないと感じ、英語にない文法が日本語にあると余計なものだと感じるのは、実は劣等感そのものにほかならない。英語はD・クリスタルの言うような「世界語」に相当するとは言えない状況だが、それでも英語以上に普及していて、学習者人口が多い言語、経済価値を生み出す言語は、いまのところ存在しない。

しかし、これは経済活動上の言語の価値や機能であって、言語そのものの価値とは違うので、現在の言語学は言語とその社会的価値を連動させない。むしろ、すべての言語には優劣の差はなく、違いがあってもそれは価値の違いにはならないことを強調する。

しかも、いまは文法教育を論理教育と重ね合わせるような状況はなくなっている。現在の国語教育のなかで国文法の比率はどんどん低下しているからだ。これは、日本語の文法研究者の間でも懸念を持つ人が多いが、国語教育と日本語学・言語学は隣接領域ではあっても別の領域であり、なにを優先して教えるかはそもそも学習指導要領をはじめとするカリキュラムの問題でもある。

実用的なことばの知識は、準体助詞だの連文節だのといって文法用語を使わなくても学べる。形容動詞が品詞としてどういう問題があるかを知らなくても日本語は使える。「X大学は受験科目が多いし、問題も難しくて、敷居が高いよ」という人に、「その大学に不義理でもしているのでなければ、敷居、じゃなくて、ハードル、だろう」と指摘するような指摘や指導は、表現の知識の話である。「準体助詞は用言以外に体言にも付く」と言えば、文法の話になる。「『ちっとも』は否定文でのみ用いる」と言うと、表現知識から文法に少し越境した一般化になる。

表現知識とは結局のところ個別の情報や知識の量の違いであるが、文法はことばのシステムの理解を基盤としており、抽象化・一般化と具体化・個別化をおこなう必要があるので、理解や知識の質の違いと言ってよいだろう。実態は必ずしもそうとは言えないが、知識量が断片的な知識の集積で知識の質が理解力と連動すると考えると、文法として語るほうが賢そうに見えることはあるだろう。

「きらぼしなんてないぞ。きら、ほしと区切って言うんだ」というのではなく、「『綺羅』は副詞だから、『星』という名詞とは複合せず連濁《れんだく》も起こらない。よって『きら、ほしのごとく』が正しい」という説明の方が理知的な感じがする。

また、1つの規則に単純化したほうが教えやすいし習い覚えやすい。しかし、文法概念を専門的に語ってもわかりにくい。そうすると、「Xという表現は、否定文でのみ使う」のように表現知識と文法の中間的なまとめ方のほうが、伝わりやすく賢そうに見えて、費用対効果がよいことになる。しかも、日本語に確固たる規則性があることを語るのは気分がよく、「これが正しい」「あれは間違いだ」と言うと多くの耳目を集めることができる。

しかし、言語学者は記述を重視するので正誤に関する規範を述べたがらない。結果として、いわゆる文化人や知識人が表現知識やことばの正誤に関する発言をすることになる。なかには、「こんなことばの間違いをするなんて無知だ」とか「こういうことばを正しく使えないなんて世も末だ」といった言い方で批判的に論じるものが見られる。

†「正しい日本語」の追求は、マウンティングに過ぎない

今はやりの言い方を使うなら、この種の批判は言語知識に関するマウンティングである。当たり障りのないことを言うよりは過激な言い方をするほうが注目を浴びやすいし、面白がられるだろうから、世間の需要は大きいと言えるかもしれない。

マウンティングをどう感じるかは別にして、言語学を専門としない知識人が過剰に規範的な正誤判断を押しつけたり、科学的な知識に基づかない見解を披瀝《ひれき》したりすることがある。たとえば、「『全然』は否定文で使う」などは、そのようなプロセスで一般に広まったものだ。「全然」が近世後半から現れ始めて近代以降に広く使われるようになったこと、肯定文での使用例も少なからず見られることなどは語誌に詳しい研究者には知られていた。そもそも初期には「全然」に「まったく」「すっかり」「ちっとも」などのルビがついていることが多く、音読みの「ゼンゼン」が広く使われるようになるのは近代のことで、用法が固定しなければ否定辞と呼応するのかどうかも見定めようがないわけである。

昭和の終わり頃は、大学のレジャーランド化といった批判が出た時期で、大学卒なのに漢字が読めない若者が多いと言われた時期でもある。既に多くの指摘があるが、ら抜きことばは言語学的には一定の合理性があるとされているのに、完膚《かんぷ》なきまでに否定することが多く見られた。

年配者は古くからあることばの変化や新用法に寛容でなく、若年者はいわゆる若者ことばや新語（多くはジャーゴンに分類される）をよく知らない大人を退けることが多い。これは、それぞれの得意領域で他の世代に対するマウンティングをし合っていると言ってもいいだろう。

†戦前からの「官製文法」への反発

もう1つの反発は、「文法」に対する反発である。いま、初等中等教育で用いられる学校文法は橋本進吉という戦前の国語学者による橋本文法をほぼ踏襲している。

当時の文部省が東京帝国大学の国語学教授だった橋本進吉に白羽の矢を立てたのは当然のことだったろう。橋本の専門は国語音韻史であって必ずしも文法学者ではなかったが、社会や国家のために献身的に文法教科書を執筆したのが昭和10年前後であった。国定教科書だった時期もあったが、戦後になって検定教科書の時期に移っても一度定着したものを継続的に使う方が教育現場では混乱が起こらないこともあり、全国的に橋本文法が学校文法であり続けた。

戦前に初等教育を受けた人にとっては国に押しつけられた文法であり、「官製文法」だとして批判されることも多かった。戦後になって自由な時代になり、権威や規制の枠組みをこわしながら新しい考え方を組み上げていくことが若者にとって大きい価値を持っていた1960年代から70年代には、古色蒼然《そうぜん》とした学校文法を批判する流れが大きくなっていた。

その急先鋒が三上章の三上文法であり、橋本の直弟子でもあった時枝誠記《もとき》による時枝文法も学校文法に取って代わろうとする動きを見せたが、結局、いまだに学校文法は橋本文法のままである。いまは文法教育の比重も小さくなり、橋本文法を引きずり下ろそうという動きはほとんど見られない。

一時期は学校文法批判の嵐が大きくなったにもかかわらず、結局変わらなかったのには3つの大きな理由があると思う。

1つは、批判が学校現場よりもその外側で生じたことである。初等中等教育を終えて大学生になった若者や社会人たちは自分たちが経験してきた教育を、ある意味無責任に批判できる。教授される文法が変わったところで、直接影響は受けない。重大な影響を受けるのは、教育現場の教員と児童・生徒たちである。

もう1つは、橋本文法を捨てて三上文法や時枝文法に移行することを考えたとき、いずれも準備が万端ではなく、それほど魅力的でもなかったということだ。三上文法も時枝文法も、やや小難しい理屈を含んでいて、これは小学生には教えにくい。中高生でも、ついて行けない生徒が出てくるかもしれない。その点、橋本文法には小難しい理論的枠組みはなく、形から入るから落ちこぼれることは少ない。

そして3つ目は、学校文法批判には、時代の風潮の影響による「批判のための批判」という面が強かったということが大きい。どんな文法論でも完璧なものはなく、それぞれ好みや見方の違いはあるものの、それぞれに一長一短がある。それなら、システム変更の大混乱を起こしてまで入れ替える価値があるのかを見極めなければならない。今にしてみれば、20世紀前半への反動形成として学校文法批判が生じたと見ることもできるだろう。

私たちは自分たちが受ける教育は中立的な学術成果に基づき、偏りがないものとなんとなく信じているか、それほどナイーブではないにしても、そうであるのが理想だと考えていることが多い。しかし、その前の時代や世代の影響を受けて反発や逸脱が生じること、さらに時間がたつとその動きも収まることなどが見て取れる。

今の自分とかけ離れた過去に対して感情的に反発する人は少ないだろうが、自分が経験したり見聞したりした時代に対する反発は大いにあり得る。例えば、大化の改新や犬公方・綱吉に反発する現代人は少ないだろうが、自分が経験した時代思潮や教育のあり方に反発することは珍しいことではない。

そして、この直接的な反発や反動形成は、やや大きく振り子を振ることになりやすい。教育や学術にかかわる人は、時代の流れを踏まえて、そのときどきの考え方がどう位置づけられるかを、俯瞰《ふかんてき》的に捉えるなどして客観的に認識できることが望ましい。とは言え、人は誰しも時代の子だから、自分の生きた時代を抜きにして物事を見ることは難しい。

3 記述言語学の手法

†記述するとはどういうことか

言語学は、すべては言語の記述から始まると考える。この「記述」は、「規範」との対比で使えば「規範としての価値判断や義務を押しつけず観察に徹すること」を意味することは先に述べたとおりである。

言語学の研究に関する作業としては、記述は単なる「観察」以外に「記録」の意味で使うこともあり、「データ収集」を指すこともあり、また、データを整理して事実としての言語使用を確定する作業を意味することもある。例えば、ある言語や方言を現地に調査に行き、実際の音声を録音したり、どういう語彙や文法を使うかを記録したりすることは「記述」の一端ではある。

前章で見てきたように言語学の草創期にあたる19世紀はまだ歴史言語学の時代であったが、20世紀には記述言語学に重心が移ったと言ってよい。コセリウというルーマニア出身の言語学者は、比較・歴史と理論・記述との間で言語学の重心が移るとし、20世紀は「理論と記述の世紀」だとしているが（『一般言語学入門』）、それほど単純な振幅ではないだろう。

しかも、ヨーロッパと北米とでは記述に対するスタンスが当初は異なっており、記述言語学は北米から始まり先行していった。北米先住民の言語が身近にあったアメリカでは格好の研究対象を放っておくわけには行かないから、現地調査によって人類学と言語学の両面から調査を進めることになる。アメリカの大学では、いまでも人類学と言語学が近い組織になっていることが多い（例えば、人類学部のなかに言語学科が置かれる）が、そういった歴史的な背景があってのことである。言語が世界観などに強い影響を及ぼすとするサピア＝ウォーフの仮説で知られる、エドワード・サピアにしてもベンジャミン・L・ウォーフにしても、その師にあたるフランツ・ボアズにしても、人類学と言語学にまたがるような研究をしていたのである。

いまはほとんどの言語について、詳細さのレベルはさまざまであってもなんらかの調査データがあることが多い。未調査の言語があっても、調査データのあるいずれかの言語と似ている面があれば、ある程度事前に予想を立てることができる。

方言のほうが近隣の方言との類似性が高いので予測はしやすいが、周辺の言語や方言とあまり似ていない言語や方言も存在する。これは、海に浮かぶ孤島のまわりに陸地や島が見えないさまからの比喩で「言語島」（方言の場合は「方言島」）という。通常は、周囲の民族や共同体と交流や接触があると語彙の借用や相互に与える影響などによって類似性が高まることが多いので、地形的な理由や文化的な理由で周囲との接触が少ない場合に言語島になることが多い。

言語学者が未知の言語を調査する場合は、まず単語の聞き取りから始める。金田一京助（1882―1971）がアイヌ語の調査で子供たちにものの名前を聞くところから始めたエピソードをご存知の方も多いだろう。いまは、調査のための語彙表が既にあるのでそれを使い、英語やフランス語、ロシア語やトク・ピシンなど媒介言語を使って尋ねるのが一般的である。

つまり、調査に協力してくれるネイティブ・スピーカーはたいてい大言語と民族語を含む複数の言語ができる人であることを想定している。語彙調査は、すべての言語で共通したものが使えれば簡単であり、あとから比較対照もしやすいが、どの言語の調査にも使えるという万能な語彙調査表は残念ながらない。

言語によっては、呪術医・まじない医者を表す項目がいくつもあって区別していることもあり、日本語のように雨を表す語彙が豊富な言語もある。それでも、日本語には「雨」という一般総称としての単語があるが、エスキモー語のように、さまざまな種類の「雪」を表す語はあるのに一般総称はないというケースもある。もちろん、その土地にしかない動植物や風習になると事前に用意しておくことはできないから、現地で調査を始めてから語彙調査表を修正したり、項目を追加したりして対応するしかない。

†音声学の知識から音韻体系へ

当然のことながら、はじめて調べる言語の場合、発音がうまく聞き取れなかったり聞き分けられなかったりすることもある。そのために音声学を事前に習得して、国際音声記号（IPA）が使えるようにしておく必要がある。英語の辞書で使われている発音記号は、この国際音声記号を簡略化したものである。

	両唇	唇歯	歯	歯茎	後部歯茎	反り舌	硬口蓋	軟口蓋	口蓋垂	咽頭	声門
破裂音	p b			t d		ʈ ɖ	c ɟ	k ɡ	q ɢ		ʔ
鼻音	m	ɱ		n		ɳ	ɲ	ŋ	ɴ		
ふるえ音	ʙ			r					ʀ		
はじき音		ⱱ		ɾ		ɽ					
摩擦音	ɸ β	f v	θ ð	s z	ʃ ʒ	ʂ ʐ	ç ʝ	x ɣ	χ ʁ	ħ ʕ	h ɦ
側面摩擦音				ɬ ɮ							
接近音		ʋ		ɹ		ɻ	j	ɰ			
側面接近音				l		ɭ	ʎ	ʟ			

国際音声記号（2018年改訂版）による子音表（肺気流）。1つの欄の中で右が有声音、左が無声音。塗りつぶしてある欄は発音が不可能とされている

国際音声記号は、国際音声学協会が定めて数年ごとに改訂しているもので全世界共通であり、言語音であれば一通り書き分けることが可能だ。実際にはそれほど細かくＩＰＡで記録しなくても単語の区別はつけられるが、最初は細かな区別の必要なところと大雑把な記述でよいところがどこかわからないから、細かに記述することになる。

例えば、日本語でも「勘弁」と「寛大」と「感激」に出てくる「ん」の発音は音声学的には異なり、mとnとŋであるのが普通だが、日本語を母語にする人にとってはいずれも同じように「ん」に感じられる。日本語をまったく未知の言語として調べる人がいるとすれば、最初はこれらの「ん」は違うものとして記述するはずである。

なにしろ、後ろに母音（例えばa）がつけばmとnとŋは「マ」「ナ」「（鼻濁音の）ガ」で違うものとして認識されるので、「後ろに母音が来て一音節になる場合を除く」などと条件をつけて、特定の条件のもとでこれらが「ン」と認識され

ると見なす。この規則がわかれば、もう「ン」と簡単に記しても問題ない状態になる。要は1つの言語の中でどういう音がどういう条件下で区別され、どういう条件下では区別されないかの全体像がわかれば最低限の区別ができる簡単な記録も可能になるということだ。この全体像を「音韻体系」という。

音韻体系がわかれば語彙調査も進めやすいが、最初はわからないところや怪しいところは推測して音韻体系を立てて進めるしかない。あるいは同系統の言語や近隣の言語と似ていることもあるから、その知識から類推して大まかな音韻体系を仮につくって細かな点はあとから修正することになる。いわば徐々に完成度を高めていく方法だ。

†「が」の多様性

現在の日本語では、表記上「が」と表す文字は［ga］のほかに［ŋa］が使われる可能性がある。後者は鼻濁音であり、区別するために「か゚」と記すこともあるが、ほとんどの人は気にせず発音しているのではなかろうか。アナウンサーや俳優は違いを知っていて発音し分けられることが求められるが、多くの地域で鼻濁音は衰退している。

たとえば、標準語では語頭に濁音［ga］を使うが、それ以外の語中では［ŋa］の鼻濁音を使うのが規範とされ、かつてはそのように指導されてきた。ついでに言えば、鼻濁音をきちんと使う方が優しくて美しい日本語だと言われることもあった。しかし、鼻濁音がもともとないか衰退が進んでいる地域では、かえって曖昧で聞き取りにくく美しくないと感じる人も多いようだ。そして、東京も鼻濁音が衰退しており、鼻濁音を使わずすべて濁音を使うという人も多い。なかにはそもそも鼻濁音が発音できないという若者もいる。故金田一春彦氏の調査では、都区部の15歳の学生を対象に調べた1940年の時点で鼻濁音を持つ人が半分だったという。大正末年あたりに生まれた人で半分だから、その後の衰退が緩やかでも消滅に近いところまで衰退している状況が想定できるわけである。

もしも濁音と鼻濁音の現れる位置が指定できるのであれば、2つの音素を立てることができる。しかし、語中では鼻濁音でも濁音でもよいとなると（この場合、2つの「自由異音」があるという）、2つの音素はもう立てられない。現代の東京方言なら日常的に［ɡ］しか使わない人が多数派だが、アナウンサーは鼻濁音をきちんと使う人が相当数いる（それでも以前よりは減少しているが）。

調査する言語学者は、音素は1つだけ立てて、自由異音としての［ŋ］が出現する条件を記しておくのが落としどころになる。音声学は実際の言語音を聞き分けるのに役立つが、音声は物理的には波動現象でもあり、言語学のなかには含めないのが普通である。音韻体系を打ち立てるのは音韻論という言語学の一分野での作業であるが、音素という抽象的な単位を設定する妥当性があるかどうかを検討して全体の設計図を描くような作業であり、言語学者の腕のみせどころといっていいだろう。

関西や関東では衰退が進んでいる鼻濁音であるが、北陸や東北・北海道ではそれほど衰退しておらず、音素として/g/と/ŋ/を2つ立てるべき方言も残っている。なお、/g/と書くときはgという音素を、[g]と書くときはgという音声を表す決まりで、前者は音韻論が、後者は音声学が担当することになっている。

東北地方では、語中のkやtがgやdになるのが普通である。要するに、標準語で言う「板」「魚」なら「いだ」「さがな」のように濁音が現れる。語頭ではこれは起こらないから「鯛」「蟹」の最初の部分は「た」「か」のままである。標準語の「烏賊」や「蛸」は「いが」「たご」のようになる。もちろん、標準語「毬栗《いがぐり》」の「いが」はそのまま濁音で「いが」である。こうなると、「烏賊」も「毬」も「いが」になって区別できないように思えるが、前者は[iga]のように濁音を使い、後者は[iŋa]のように鼻濁音を使うので、アクセントを無視しても区別がつくのである。

若い人ではこの対立は衰退しつつあるようだが、東北方言に関する限り濁音と鼻濁音が対立するので、2つの音素を立てることが考えられる。このような現象も単語をいくつも調べて、「烏賊」は[iga]とは言うが[iŋa]とは言わず、[ika]と言うなら標準語化しているという結論を出して初めて、音韻体系が打ち立てられる。
未知の言語であれば、もっとたくさん調べてどのように対立があるのかを明確にしないと音韻体系にまでたどり着かないが、基本的な手順は同じである。音韻体系が確定すれば、「正書法」も決められる。

正書法は、文字表記上で必要な区別がなされていて、誰でも使えるように単純な規則とわかりやすい文字で書き分けられる表記システムでなければならない。言語学的には音韻上の書き分けができるなら問題ないので、いまの日本語の漢字仮名交じり文でどの漢字を使うべきかということは、厳密な意味での正書法には含まれない。

もしも、ラテン文字（ローマ字）で日本語の標準語を書き表すのなら、「が」の子音の音素は1つだけなので、ga だけで事足りる。東北方言を書き表すとなると、「が」には濁音と鼻濁音の区分があって書き分ける必要が生じるが、ŋ（この文字はエングという名称がちゃんとある）のような使いにくい文字は避けて、ng とでも書くことになる。「烏賊」は iga として「毬《いが》」は inga と書き分けることが考えられるのである。

†テクスト化という難関

語彙を調査しながら、音韻体系を精密化し、表記法を決定して、並行して文法書を作りながら、テクスト収集をおこなうのが一般的な記述言語学の仕事である。

テクストとは、その言語を使った、まとまった内容のあるサンプルのようなものだが、民話や昔話を語ってもらって記録することが多い。単語や文などを調査するときは、言語学者がこれまでよく知られている言語を想定してその対応形を引き出すという人工的な作業をおこなうので、得られたデータが自然な形なのか自然に用いられているのか、そもそも実在する語彙や表現なのか確証を持てないことがある。

テクストは、その言語を母語として使う人が実際に使用した記録や自然な言語使用の記録という意味を持っている。昔話や民話を一人語りしてもらうことも多いが、複数の人の会話を記録してテクストとすることもある。

実は、昔話を記録するだけなら、数分か長くても30分程度語ってもらってそれを録音しておけばよいが、それだけではここでいう「テクスト」にはならない。テクストは、あらかじめ決めた表記法で音声を文字に起こして整理したものなのである。

録音された音声を文字に起こすのは、日本語や英語などの正書法がある程度確立している言語であっても大変な作業であるが、それを文字を持たない言語についておこなう場合は手間も苦労も多いことは想像に難くない。しかも、文字化したテクストについて訳文が必要であり、1つ1つの形態素に分けて、その意味や機能が分かるようにした「グロス」

（gloss）がつけてあるのが望ましい。グロスとは意味や文法機能を注記する記法である。たかだか10分の民話だとしても、それを全部聞き取って表記法を決めて文字起こしをおこない、形態素ごとにグロスをつけ、文や節の単位で直訳を付し、できればパラグラフ単位で翻訳をつける、となると、膨大な作業量である。

よく知られている知里幸恵の『アイヌ神謡集』はアイヌ語を母語とする著者がアイヌ語のテクストを収集し、カタカナを用いて文字化し、それに翻訳（対訳）をつけたものである。これは知里幸恵の日本語の文才によって文学作品としての価値が高められているが、専門研究のテクストではないからグロスはついていない。知里幸恵はアイヌ語も日本語も高度な能力を持っていたバイリンガルと言ってよいと思うが、よく知られていない言語や方言の場合は、研究者が母語話者でもあってバイリンガルであれば作業は早く進められる。しかし、そういった幸運なケースばかりではないのが実情である。

さきほど記したように、音声言語だけで文字を持たない言語の場合は、どういう音声の語をどういう文字で表せばよいかを考えて表記の規則を決めないといけない。ゼロから表記法を、暫定的にではあれ決めるのは大変で、悩みもつきない。しかも、その表記法は、文字でその言語を書き記す場合の正書法になる可能性が高いので、ある意味で責任重大である。

予想外の事態にでくわしたときに日本語で「えー、そんなの聞いてないよ」という場合、最初の感動詞は「えー」と書けばだいたいわかってもらえるが、実際の発音は普通の日本語のエよりも口が大きく開いて広母音に近づくことが多いし、最初はエから始まっても持続するうちにアに近いくらい広い母音になることも珍しくない。これは国際音声記号を使えばそれなりに表し分けられるが、文字化するときは「えー」という感動詞であることがわかりさえすればよい。

漫画などでは「えーああー」のように誇張して記すこともあるが、名詞や動詞となると、いちいちリアルな音声で表しているとわからなくなってしまう。日本語を母語とする人の中には「場合」を「バアイ」より「バーイ」や「バワイ」や「バヤイ」のように発音する人が多いし、「女王」は「ジョオウ」や「ジョオー」よりも「ジョーオー」と発音する人が多いが、それでも「場合」「ばあい」、「女王」「じょおう」と特段悩むことなく書けるのは、表記の知識がすでに頭の中に入っていて、半ば自動化しているからである。

†言語学三点セットの位置づけ

もちろん、慣れれば9割程度の完成度の表記法はすぐできるが、残りの部分に簡単に解けない謎や見落としていた事実などが含まれていて、それに気づいて完成度が上がるたびに音韻体系の解釈が変わることになる。表記法がバージョンアップされれば、それはテクスト集にも語彙集・辞書にも文法書にも影響が及ぶ。

こうしてできあがったテクスト集は、研究成果としては貴重であり重要なものなのだが、「論文」そのものではない（分類上は、「資料」や「報告」として扱われることが多い）。昔話や民話そのものが面白いものであれば文学的な価値はあるが、刊行するにしても分量が十分でなかったり需要が見込めなかったりして、なかなか成果が認知されにくい。テクスト集は宝の山でもあるから、それをもとにして何本も論文を書くことは可能である。しかし、すぐに論文が何本も出てくる魔法の箱というわけでもない。

文法書は、学習参考書の「文法」に似てはいるが、音声と音韻、表記法など音声学・音韻論にかかわることも、語形やその変化、複合などにかかわる形態論も、文法の中心となる統語論も、意味論や語用論も一通り含んでいるのが理想である。通読するように書かれることもあるが、必要なときに該当部分を読んで理解できるようになっているものが使いやすく、これは「参照文法書」（リファレンス・グラマー）と呼ばれる。そして、語彙調査の結果は語彙集になるが、細かな情報を含み収録する語数も多くなると辞書になる。

これらの「語彙集・辞書」「参照文法書」「（民話・会話・昔話などの）テクスト集」が記述言語学の三点セットと言われるものなのである。十分なレベルの辞書と文法書、質と量を具えたテクスト集を完成させるのは記述言語学者の夢であるが、その道のりはなかなか遠い。

4 言語死とどう向き合うか

†滅びゆく言語とあいまいな誤解

「危機言語」ということばが広く聞かれるようになったのは、1990年代からだと思うが、それ以前から現地調査で言語を記録していた言語学者にとっては、言語が滅びることは重大な問題であった。私が学生の頃にも青木晴夫『滅びゆくことばを追って――インディアン文化への挽歌』(1972年、三省堂)という本があって、ことばが滅びることがあるのだという理解はあった。

ネイティブ・スピーカーが死に絶えれば、生きた言語として使用されている状態ではなくなるから、いわば言語の死に相当するので、「言語死」(linguicide)という表現も使う。ありていに言えば、その言語を母語として使う最後の1人が亡くなった時点が言語死ということになる。もちろん、ネイティブ・スピーカー(=母語として使う人)をどう定義して見定めるかという問題があり、最初に習い覚えた言語であっても大人になってあまり使わなくなって母語であっても単語が思い出せないということはあるそうだ。

私の恩師の一人だった土田滋先生が調査した台湾原住民語の最後の話者だった方は、長じてからは母語を使う機会がほとんどなく、真面目な牧師さんだったこともあって酒を飲むことに関する語彙はほとんど思い出せなかったそうだ。仮に日本語の最後の話者がいても、子供の頃しか使っておらず酒を飲まない人なら「へべれけ」だの「飲んだくれ」だのは思い出せないかもしれない。

ユネスコ（国連教育科学文化機関）が主導して危機言語（endangered language）という考え方を示し具体的な言語名をリストアップするようになったのが1990年代で、そこで潮目が変わったと言ってもいいだろう。実は、この時期は絶滅危惧種（endangered species）に関して方針とカテゴリーが明確化していく時期でもあり、生物多様性に対して言語多様性を並行的な概念として立てており、説明はしやすかった。

人為的に作った言語に対して自然発生的に生まれた言語を自然言語というが、野生生物にちょうどなぞらえやすかったと言ってもいい。気になるのは、同じendangeredが「絶滅危惧」と「危機」と訳し分けられていることくらいだ。

ユネスコの区分では、①きわめて深刻、②重大な危険、③明確な危険、④脆弱《ぜいじゃく》とされ、

1950年以降に滅びた230余りの言語は含まれていない。①は差し迫った危機にあり、近い将来に絶滅してしまうと考えられる言語（576言語）、②は継承が不十分であることから現状では遠くない将来に絶滅すると考えられる言語（528言語）、③は継承に問題があって対策を講じなければ絶滅すると考えられる言語（646言語）、④は顕著な衰退の局面にあり絶滅回避には保護が必要な言語（598言語）、と考えればよいだろう。

†日本における危機言語

日本国内では8言語が危機言語に指定され、①にアイヌ語、②に八重山語と与那国語、③に沖縄語、国頭語《くにがみ》、宮古語、奄美語、八丈語がそれぞれ区分されている。

多くの人はこれを見て、アイヌ語以外は「言語」でなく「方言」ではないかと思うのではないだろうか。実際に日本語の方言区分では、日本語は琉球方言とそれ以外（本土方言などと言う）に分けられ、北琉球方言に奄美方言・沖縄方言などを設定し、南琉球方言に石垣島を中心とする八重山方言、宮古島を中心とする宮古方言、与那国島の与那国方言を設定する。国頭方言は沖縄本島北部を中心とする方言で、沖縄方言は本島中南部の方言と大まかに考えることになる。ユネスコは、これらが日本語の中で方言として区分されていることは承知の上で、保護を要する独立した言語と扱ったということらしい。

もちろん、「1つの方言が滅ぶ」というよりも「1つの言語が滅ぶ」というほうが、緊急度や緊迫度が高いと感じられる。1つの運動としてはよくある手法である。

では、危機言語が絶滅しないようにどのような対策を打つのか。言語学者は、世界中の危機言語について調査して記録している。これについては少し情報が古いがD・クリスタル『消滅する言語』（中公新書、2004年）が触れているほかに、N・エヴァンズ『危機言語』（京都大学学術出版会、2013年）や呉人恵『危機言語を救え！』（大修館書店、2003年）、呉人恵（編）『日本の危機言語』（北海道大学出版会、2011年）などでもさまざまなかたちで論じている。

危機言語の多くは話しことばとしてのみ用いられ、文字言語も正書法もないので、まず音声の観察、語彙の調査、音素や形態素の確定をしつつ、三点セットを仕上げていく必要があるが、先に述べたようにこれには非常に時間がかかる。荒削りなものでも三点セットを早急に仕上げるべきだという主張も近年は多く聞かれるが、ここでいう「早急」とはだいたい5年くらいである。5年くらいかけて博士課程の大学院生が三点セット、特に文法書の基盤の部分を学位論文に仕上げて博士号を取得する。

うまく行けば、1つの言語の三点セットと1人の言語学者が誕生することになる。もっとも、オーストラリアなど三点セットだけでも博士号取得が可能なところもあるが、日本では論文としての体裁が必要である。調査のために現地に長く滞在することを考えると博士課程の院生がベストなのだが、現地調査には費用もかかる。公的な支援も多少はあるが十分ではなく、日本の記述言語学のレベルは世界的に貢献できる成果を上げているのに、継続が難しくなるケースがあるのはまことにもって残念なことだ。

研究の進展に伴って正書法ができ、その規則をもとに文法書や辞書やテキストも作成できることになる。辞書ができて、教科書や自分たちの言語による昔話の本ができれば、関心を持つ子供が出てくるので言語継承に貢献することはできるが、これだけで言語死を止める決定的な対策にはならない。

†言語死の回避と、記録収集と

言語学者が記録をしているのは自らの研究のデータを収集するという目的がもちろん大きいが、どちらかと言えば言語死を回避すること自体よりも、母語話者が絶えて言語死の状態になったあとに「かけがえのない記録」として価値を持つことを想定している。もちろん、調査している言語を使っている人たちやその土地に貢献したいという気持ちはどの言語学者も持っているが、大きな変化にはあらがいきれないものがあり、独力で言語死を食い止めるのは荷が勝ちすぎるのである。

言語死を回避するには、その言語や方言を継承してくれる世代を育てなければならないが、これはなかなか難しいことである。幼い子供にその祖父母や曾祖父母の世代のことばを使うように誘導するのが容易な時代でないことは多くの人が実感を持って理解できることだろう。

日本国内でもテレビなどが普及し、標準語があふれている。まわりの若い世代のことばも方言は残っているものの、標準語化が進んでいる。また、親がこれから育っていく自分の子供に身につけてほしいのは、地元の古い方言よりも標準語だと考えるのは自然なことである。もちろん、方言を使った昔話や演劇、歌などを用いて、方言への関心を高めることはできるし、実際におこなわれているが、興味を持つことが生活言語として使用することに直結するとは限らない。それでも、自分の先祖のことばを少しでも知ろうとし、保存の意義を若い世代が知ってくれるなら、意味はある。

また一方で「言語死」というのは大げさだという批判もある。日本は全体として人口減少の局面に入っているから、危機言語のある離島でも人口は減っていくが、人が誰もいなくなってしまうわけではない。ということは、Aという島のことばは消えてしまうわけではなく、緩やかに標準語に近づきつつ変貌して、往事の方言の姿を失っていくにしてもその土地のことばとしては生きているとも考えられる。

これは、危機言語と言われるような方言でなくとも、日本各地の方言についても同じである。「〇×弁が消えてしまう」という心配に対しては、ことばや方言が消えてしまうのではなく、標準語化が進んで、どこもかしこも似たようなことばづかいになってしまうだけだと言ってもよい。とは言え、言語が消えなくても地域の個性は徐々に消えていくので、わびしいことこの上ない。

第 5 章

社会言語学から複雑系言語学へ

ბრინჯი	*rice*	ხახვი	*onion*
სტაფილო	*carrot*	კომბოსტო	*cabbage*
ბროწეული	*pomegranate*	ბოსტნეული	*vegetable*
ხილი	*fruit*	ვაშლი	*apple*
მსხ[ა]ლი	*pear*	ატ[ა]მი	*peach*
ხურმა	*persimmon, sharon fruit*	ლეღვი	*fig*

ジョージア語の語彙と文字
(出典：George Hewitt, *Georgian: a learner's grammar*, New York, Routledge, 1996.)

ものに流行《はや》り廃《すた》りがあるように、研究にもその時どきで多くの研究者を引きつける方法論やテーマ、理論があるものだ。

昭和から平成に年号が変わった頃、大学院に籍を置きながら、予備校で英語などを教えていたことがある。外形的には大学院生がアルバイトで予備校講師をしていたのだが、生活の中心が教えることにあり、わずかにひねり出した時間で勉強しながら論文を書いているような生活だった。言語学科に進み大学院でも言語学専攻に身を置いていると、似たような考え方の人間にばかり接している時間が長くなって、社会の中で自分がどういう位置づけなのかを見失いがちになる。あるとき、買い物に行って職業を聞かれたので「大学院生です」と言うと、誰彼となく勧めているクレジットカードの勧誘を店員がやめてしまい、ひどく同情されてしまった。自分は哀れまれる人間なのだと再認識し、当時のはなやかなりしバブル景気からも取り残されているような気分だった。

そんな中でも、予備校講師にはいろんな経歴の人がいて社会の縮図というには個性的な人が多すぎたように思うが、ある日先輩の講師に専門を聞かれて「言語学」と答えたところ、「あー、チョムスキーね」と言われて、「いえ、生成文法ではありません」と言ったきりことばが続かない。「言語学＝チョムスキー」という図式が世間の見方だということを知り、わかりやすく自分の専門を説明できない自分にも失望したのだった。

1 言語学の表舞台とバックステージ

†主流であることの意味

チョムスキーの『統語構造』が1957年、『文法理論の諸相』は1965年に上梓され、いずれも邦訳は5、6年後に刊行された。情報機器が普及している現代とは違い、研究の潮流も緩やかに形成される時代であった。

チョムスキーらが推し進めた理論言語学の枠組みは1960年代から広まり、1970年代には翻訳や日本での研究書も続々と現れて急速に拡大した。私が言語研究室に進学した1980年代は、変形文法から生成文法へと呼称が移行していく時期でもあったが、言語学を学んで生成文法のことをまったく知らないということはありえない、というほどに影響力があった。それは1990年代に入っても続いていたので、「言語学」と聞いて「チョムスキー」を即座に思い浮かべる人がいたのは当然だったのかもしれない。

しかし、生成文法以外の言語学がなかったわけではない。当時の学生は、意味論や比較言語学、記述言語学や社会言語学も学んでいるし、新たに出てきた計算機言語学あるいはコンピュータ言語学も神経言語学や心理言語学も身近なところにはあった。既に新しい成果がもたらされ始めていた認知言語学は、まだ意味論の中の新しい潮流といった受け止め方だったかもしれない。

認知言語学の中心的な研究者は、アンチ生成文法だった生成意味論のメンバーと重なっていたから、認知言語学が生成文法とは異なる枠組みであることは認識されていただろう。もっとも、高度に抽象化した言語を想定してその抽象的な操作を議論する生成文法に対して、ことばの変異を重視する社会言語学は、逆のベクトルの研究という意味もあった。さらに、モンタギュー文法や語用論、機能言語学もあり、いまはあまり触れられることがないが成層文法だの関係文法だの格文法だの、いろいろな理論があった。もとより能力の限界があってとても全部はカバーしきれなかったが、ともかくどれから勉強したらいいか途方に暮れるような状況だった。

†メジャー言語、マイナー言語?

もちろん、言語学は、実際の言語を対象にするので、英語や日本語といったメジャーな言語だけではなく、話者が絶えそうな危機言語を調査しに現地に赴いたり、文献資料を集めて古典語を研究したりすることもできる。他に、英語学やフランス語学、ドイツ語学なども専門の研究室があるのだが、言語研究室では、英語やドイツ語や日本語を研究してもよく、伝統的に方言研究も多かった。

フィンランド語やチベット語やケチュア語やハウサ語やタミル語といった言語は、世界的に見るとメジャーなほうだが、日本の大学には専門の学科があまりないような言語で、そういう言語を研究するという手もある。言語学はどの言語も公平・平等に扱うので、どの言語の研究が上だとか下だとかは考えないが、現実世界はそのようになっていない。専門として研究する言語によって将来のキャリアが大きく変わってくるからだ。

英語や英語に次ぐメジャー言語（大学で外国語として教えているもの）を専門にすれば、それらを教える仕事がある。もっとも、フランス語・ドイツ語・中国語・朝鮮語などはたいていの大学で教えているが、スペイン語・ロシア語・ポルトガル語・アラビア語・インドネシア語などは外国語として教えていないこともある。かつては、四年制大学では第一外国語と第二外国語を学ばせていたが、大学や専門・専攻によっては第二外国語を廃止してしまったところもみられる。

英語は戦前から今まで、教育のあり方は変わっても続けられてきた第一階層の外国語だ。もちろん、この第一階層という区分は、教育上の需要によるもので、英語の言語特性は関係がない。

多くの大学で教えているフランス語・ドイツ語などは第二階層とし、一部の大学で教えているものを第三階層としよう。このほかに、大学や専門学校で学ぶことは可能だが、専門性が高く、かなり限定的なものを第四階層とすると、ここにはおそらく100近くの言語が含まれる。例えば、スワヒリ語はアフリカの言語ではトップクラスのメジャーな言語だが、専攻として学べる大学は大阪大学くらいであり、専門学校などを含めても数えるほどしかない。

第二階層と第三階層は、時代の影響を強く受ける。戦前の旧制高校は、英語かドイツ語を選択するのが一般的（しかもドイツ語選択の甲種のほうが全体的に多い）であり、フランス語は文系、それも一部の学校にとどまっていた。戦後しばらくは理系学生は英独の選択が普通だったから、ドイツ語教員は多数いたが、今は昔に比べると減ってきている。

80年代にはソ連の開放政策でロシア語選択学生が増え、日中交流の活発化で中国語選択学生が増えたり、韓流ブームで韓国語選択者が増えたり、またその逆に、ブームが終わって減り始めたりすることもある。

†研究の実を取るか、生活の現実を取るか

増減があるにしても、第二階層の外国語は一定の需要が見込まれる。スペイン語は南米

でも使用されており、話者数が多く外国語科目として常置している大学も多いから第二階層に入れてもいいだろう。第二階層から第三階層まではやや連続相をなしている。古典語でも、ラテン語や古典ギリシア語は第三階層だろうが、サンスクリット語やパーリ語になると第四階層だから、第三階層と第四階層も連続的で、明確な境界を持たないと言うべきだ。

第四階層は、トルコ語やモンゴル語、ポーランド語やブルガリア語、デンマーク語にオランダ語、ハンガリー語など、一般的に知られてはいるが、専門的に学ぶ場が限られている言語である。これらの外国語を専門的に研究していても、教える職につく可能性はあるけれど、第三階層までの言語よりはかなり需要が少ない。

さらに、一般に知られておらず、特別な場合を除いて、専門的に学ぶ機会もほぼない言語として、残りを第五階層としよう。この第五階層の言語の中には、前章までで見てきたような危機言語が多く含まれている。記述言語学の主たる対象となる言語は第五階層が中心である。第五階層の言語を研究していても、その言語を教える可能性はほぼない。研究成果が上がって認められるまでは、英語をはじめとする第一・第二階層の言語を教えるなどのキャリアで生きていくのが現実的だ。

もちろん、英語を教授する教員は英文学か英語教育か英語学の専門家であることが多く、ジョージア語やユト語の研究者が英語を教えるとするとキャリア上の苦労が増える可能性はある。しかし、霞を食べて生きていくことはできない。身過ぎ世過ぎはいつの世も重要である。

面白いのは、言語学の世界では、第五階層やそれに近い第四階層のほうが、いかにも「言語学」らしいと見なされる、ということである。誰も調べたことのない言語を調査して記述言語学的な成果を上げているのなら、ほかにその言語のことを知る人はいない。たった1人でも第一人者である。

メジャーな言語ほど研究成果は山のようにあり、専門家も多く、専門書も入手しやすいし、ネイティブ・スピーカーも見つけやすい。言語の希少性は研究の価値を高めることになるが、希少性は教育上の需要は小さく、両者は反比例する関係になる。実際には、誰もまったく知らない言語などはほとんどなく、よく似た言語や近隣の言語のデータや研究成果があるからある程度予測できることが多いのだが、微妙な違いが重要な報告や発見につながる可能性はある。どういう言語を研究対象にするかは興味や関心だけで決まることもあるが、その後のキャリアや人生とも深く関わるのである。

2 ソシュールという里程標と亡霊

†「ソシュールはもうたくさん」なのか

チョムスキーは、日本で言えば昭和3(1928)年生まれの卒寿で健在である(執筆時点)。彼は政治的な発言も多い知識人なので、アメリカ政府批判などで取り上げられることも多く、最近では「占拠せよ」(Occupy!)という運動の発信源として紹介されている。ただ、チョムスキーの理論や研究は、言語学の中でのみ論じられ、他の領域で触れられることはあまり多くない。政治的な活動で取り上げられることを除けば、言語学と関心を共有する心理学や哲学などに限られる。そして、専門論文のなかでも、チョムスキーの論文や著作はいまだに引用されている。

これとは対照的に、ソシュールはいまでも研究書や解説書などの類いが多く出版されているが、どちらかというと思想史や言語哲学などに分類されるものが主だ。2013年が没後100年、2016年が『一般言語学講義』刊行100年だったが、そういったアニバーサリーとはそれほど関係なく、上梓される書籍は継続的に一定数ある。

しかし、専門論文でソシュールの研究成果を論じることはあまりなく、論文数も多くないことから引用されることも多くはない。言語学の専門研究にいそしむ者から見れば、ソシュールは言語学の入門書や概説書で見かける程度で、いまの先端的な専門研究とはあまり関わりがないのである。

それでも、ソシュールが創始した重要な概念である、ラング・ランガージュ・パロールに始まって、（言語記号の）恣意《しい》性、線状性、能記と所記、範列関係と統辞関係、通時態と共時態などは、いまでも言語学概論では取り上げられる。

言語学の知識は、ST（言語聴覚士）の国家試験や日本語教育能力検定試験などでも問われるから、必要に迫られて学ぶ人も多いだろう。大学で言語学を講ずる人も概論で扱ったあとに、自分の研究で正面切ってソシュールを論じることはまずなく、専門論文でソシュールを論じる言語学者はごく少数だ（筆者もその少数派の1人であるが）。

では、言語学者がほとんど論じないソシュール本がなぜ多く上梓されるのだろうか。それはもちろん世間にソシュールに関心を持つ人が多いからだろうが、内容を大雑把に区分すると「思想」として論じているものと「文献学」あるいは「テクスト・クリティーク」として扱っているものに分けられる。いずれも広義の言語学的研究には含まれるとしても、いわゆる言語学プロパーには含まれない。したがって、そこに関心を寄せる言語学者も少ない、ということになる。

†ソシュール著作の実像

ソシュールの*Cours de linguistique générale*はソシュールの死後3年経って刊行されているが、ソシュールが書いたものではなく、彼がジュネーブ大学で三度おこなった一般言語学の授業をもとに2人の編者バイイとセシュエが書いたものである。しかし実質的な著者は編者であるのに、ソシュール著ということで出回っている。映画だったら、「原案：ソシュール、脚本：バイイとセシュエ」とするところかもしれない。こういう事情があると、原案は悲劇なのに脚本段階で喜劇に仕上がっているようなことはないのか疑ってみたくなるのは人情だ。

ソシュールの講義は少数の受講者がいるだけで、原案の部分は編者が入手できた受講生のノートであるが、いかに優秀な学生でも、あまり板書をしない（もちろん資料も配付しない）授業でサンスクリット語やギリシア語やペルシア語やゲルマン祖語などの話が出てくれば、うまくノートがとれないこともあり得る。中には睡魔に襲われて途切れているものもあるそうだ。不完全な資料からソシュールの考えを復元するとなると、足りない部分を補ったり、バランス上書き加えたり、削除したりすることが考えられる。

そもそも編者がどれだけソシュールの原思想を理解していたのかもわからない。ことによると誤解や無知によって、原思想から遠ざかった内容になっているかもしれない。読者はソシュールの考えだと思って読むけれども、実際にはソシュールの考えではないのではないか、そんな疑念が湧いてもおかしくはない。

これは『一般言語学講義』の成立論という関心であり、受講者のノートやソシュールのメモ、編者の原稿などを比較しながら、どこがソシュールの考えのままか、バイイやセシュエが修正や変更や追加をどのようにおこなったのかなどを細かに追跡する形の研究になる。

この種の研究は刊行後半世紀ほど経ってから進められるようになり、いまでも続いている。ソシュールの原思想を明らかにするには、3回の講義をまず復元する必要があるから、そういう手順で考えることが多い。日本は、非フランス語圏ではもっともこの種の研究が盛んで進んでいる国だろうと思う。

編者のバイイとセシュエはソシュールの弟子と紹介されることも多いが、バイイとソシュールは8歳しか違わず、ジュネーブ大学の同僚だった。教授と准教授のような間柄だが、上司と部下なのか先輩と後輩に近いのかはわからない。すでに常勤の大学教員だったバイイに対して、その5歳下だったセシュエは非常勤の講師だったから、ここで業績を上げて定職（常勤の教員職）を得たかったと考えられる。セシュエはソシュールの指導を受けているから弟子と言ってもよいが、それは2年だけでその後外国留学して当時はジュネーブに戻っていた。

セシュエの妻はソシュールの講義に出ていたが、途中で居眠りをしたらしく、情報がずいぶん欠落しているとか、主に原稿をまとめていたセシュエがバイイに原稿を見せたがらず、バイイが不愉快に思っていたとか、いかにも人間ドラマらしい話も漏れ聞こえてくる。現時点では、編者2人がソシュールの構想の全体を正確に理解していなかったので、ソシュールが書いていたと仮定した場合の構成とは大きく異なり、ある意味でゆがんでいることや、編者が自分の理解や考えを書いたことで原思想とずれたところもあるが、ずいぶんわかりやすく整理されているところもあること、などがわかっている。

「先輩はもう大学に就職できたからいいけど、僕は妻もいて、ちゃんとした大学に就職したいんだから、僕の手柄になるように協力してくださいよ」とセシュエが言ったかどうかはわからないが、ソシュールの死後を襲ってバイイは教授に昇進し、バイイが退職してやっとセシュエは後任のジュネーブ大学教授になれたのだった。

†日本におけるソシュール観

『源氏物語』だって桐壺巻から書かれたわけではなく、後に今の配列順になっただけで、成立順と異なることが知られている。どういう順で成立して、なぜ今の順に配列されたのかはミステリーを解くような面白さがある。ソシュールのテクスト論や成立論も同様の面白さがあるということだろう。しかも、ソシュールの『一般言語学講義』の最初の外国語訳は刊行12年後の小林英夫による日本語訳（最初の邦訳書名は『言語学原論』）であり、時枝文法で知られる時枝誠記が主著『国語学原論』でソシュール批判を展開したことも知られている。おそらく『国語学原論』という書名も『言語学原論』という訳書名を意識していたことだろう。

時枝と小林は戦前の京城帝国大学の同僚で、議論をするなかから時枝のソシュール批判が形成されたとも言われている。こういった事情もあってソシュールは国語学や文法論のなかでも知られる存在であり、時枝の言語過程説の批判でもソシュールに言及されることが多い。

ソシュール批判のごく初期のものとしてはオグデン＆リチャーズ『意味の意味』（1923年）に出てくる意味の三角形の図が有名である。実は、編者だったバイイ自身もソシュールの線状性への批判を自著のなかで書いており、フランスの言語学者バンヴェニストによる恣意性批判もあるが、これらは言語学以外で取り上げられることはほとんどない。むしろ、ジャック・デリダが『グラマトロジーについて』のなかでソシュールを批判したことのほうが有名かもしれない。もちろん、これらは『一般言語学講義』のなかのソシュールであって、真のソシュールではないのだが、どういう経緯で刊行されたかは考慮されていないのである。

日本国内では、なんといっても故丸山圭三郎氏の『ソシュールの思想』に始まる一連の著作だろう。言語から人間の本質に迫ろうとする哲学的探究は非常に刺激的であるが、ソシュールの解説者というよりは、ソシュールに触発された丸山思想として受け止めるのが妥当だと思う。

筆者が学部生のときに丸山先生は非常勤で授業をなさっていたので受講していたが、授業が始まって1時間ほど経ち半ばを過ぎると（当時の東京大学文学部は授業時間が110分だった）タバコを取り出し、ゆっくりと紫煙をくゆらせ始める。学生にも一服するように勧めて下さるのだが、一緒にタバコを吸う者はほとんどいなかったと思う。印象的な場面でいまでもときどき思い出すが、もっと内容に集中して受講するべきだったという反省の思いもある。睡魔に負けてノートがとれなかったソシュールの受講生を悪くは言えない。

ともあれ、時枝の批判、丸山の思想論、デリダらポスト構造主義者の批判などがあり、それらが他の評論家や学者に取り上げられることでさらに広がっていく。結果として、ソシュールになんとなく関心を持つ人は相当数いて、『一般言語学講義』を読んだことのない人にもソシュールの名は知られているのだ。

現代思想のなかで、ソシュールは構造主義の祖のように語られることがあるが、ソシュール自身が構造（structure）という語を使っていないことは早くから指摘がある。それでも、ソシュールの考えをより厳密にする中から構造言語学などが洗練されていったことは事実であり、ソシュール自身が始めたわけではないにしても、おおきな契機となったことは否定できない。

もちろんここでのソシュールは、また、以下で言及されるそれも、フェルディナン・ドゥ・ソシュール本人の原思想ではなく、『一般言語学講義』に書かれていることから帰納的に復元されるソシュール像であって、それらの間にはずれがある。

†言語学の足場であり足かせでもあること

現代の言語学研究者のほとんどがソシュールと関係がないところで研究をしているのに、ソシュールが思想的に健在なのは言語学の外側でもてはやされているからであることは上に述べた通りである。

しかし、基礎概念や方法論のいくつかはいまでも言語学の基本として教えられており、いわば継承され続けているから、ソシュールは言語学の内部でもなかば幽霊のように生きているのである。

言語学の本質や言語の定義、言語記号などを解説するときにソシュールを除外してしまったら、おそらくその内容は半分以下に痩せ細ってしまうだろう。その意味ではやはりソシュールは言語学の基盤、いわば足場を提供してくれているのだが、一方で、講ずる側も自分が学生時代に勉強したことを再放送するだけのケースが多く、それは言語学の健全な発展の足かせになっているとも思うのである。この節では、その点をいくつか指摘しておきたい。

†シニフィアンとシニフィエ

ソシュールの基礎概念の1つに線状性がある。これは、「線」としての「性質」ということで、「線条性」とも書く。

ここで言う「線」とは「時間の流れ」である。時間の流れは一次元的で線のようであり、話しことばとしての言語（音声言語）を言語の基本形態と考える言語学では、話すときには線のような性質を言語音は持つ、と考えるのである。時間軸上に広がりゆく特性と言い換えてもいい。

ソシュールは、記号としての言語をシニフィアンとシニフィエに分けたが、これは「表す」という意味のフランス語 signifier の現在分詞形と過去分詞形で、それぞれ能動の意と受動の意を表して対立している。したがって、シニフィアンは「表すもの」で音声・音形、シニフィエは「表されるもの」で意味に当たるが、小林英夫はそれぞれ「能記」「所記」という訳語を造語し、中国でも一部使用されていると聞く。ソシュール自身は前者を「音響的イメージ」、後者を「概念」と言い換えている。シニフィアンとシニフィエが合わさって1つの言語記号になる。

ソシュールの「線状性」に関する乱暴な理解や解説として、「言語記号は線状性を持つ」というものがある。しかし、これは厳密には誤りである。というのは、ソシュールは「シニフィアンが線状性を持つ」と言っているだけで、言語記号とは言っていないからである。言語記号と言ってしまうと、シニフィエも同様に線状性を持ち、時間軸上に展開することになってしまう。

もちろん、「シニフィエは線状的ではない」などとも『一般言語学講義』には書かれていない。とは言っても、思考や意味は時間の制約を受けないわけではないものの音声のように時間の流れの完全な支配下にあるわけではない、ということは18世紀から主張されていたから、ソシュールの考えは少なくとも物理現象としての時間の支配下にあるのは音声だけという趣旨だったはずである。

ところが、編者バイイは必ずしもソシュール批判というわけではないものの、線状性には例外があるとし、イディオムの tout à coup は「すべて」と前置詞と「一撃」という単語からなっているが全体として「突然」という1つの意味に一体化しており、線のように配列されるという線状性に違反していると自著で述べているのだ。

ソシュール批判の虚実

私は学生時代にそのくだりを見つけて(これは1932年に刊行された『一般言語学とフランス言語学』で1970年に小林英夫による邦訳が出ている)、心底驚いた。編者であるバイイがソシュールの考えを誤って理解しているのに、それを指摘したり、批判したりした話を聞いたことがなかったからだ。

もちろん学問は研究者同士の検証や批判を経て生き残らないと確固たる成果とは見なされないから、師であれ先輩であれ、公平な立場で批判することはあり得る(このやり方をピア・レビューという)。しかし、線状性はシニフィアンについて書かれているのに、シニフィエにあたる部分まで拡張して線状性に反すると主張するなら、まず、シニフィエも線状的だという前提を立てないといけない。

もっとも、ソシュール批判はほかにもたくさんあり、バイイは文体論の専門家として認識されてはいても、この本はあまり注目を浴びていなかったから、この点をあげつらう人がいなかったこともいま思うと仕方ないことなのかもしれない。一番わかっているはずの編者がこういう状況だから、誤解や無理解がはびこるのもやむを得ないとは言えよう。

言語学入門の講義では、線状性などの基礎概念のあとに音声学・音韻論に進み、形態論・統語論・意味論・語用論と展開していくことが多い。そして、音韻論では「音素」を導入して説明することが、形態論では「形態素」を導入して説明することが、それぞれの主眼の1つである。音素は、具体的で物理的な音声という現象に対して、その言語の音韻体系の役割や価値に基づいて抽象的に設定される。例えば、日本語に「ん」という音素(/N/で表す)があるが、実際の発音は[m]や[n]や[ŋ]や口蓋垂鼻《こうがいすいび》音《おん》[ɴ]のほか鼻母音[ĩ]や[ɯ̃]などで現れる。ある条件さえ満たせば、この6種類の別々の音を日本語母語話者は「ん」だと認識する。

つまり、「ん」は抽象的な概念であり、そう認識される存在に過ぎない。それが音素にあたる。6種類の別々の音は現実に存在するもので「音声」にあたるが、「音素」は日本語の音韻体系のなかで認識上想定される抽象的なものなのである。そして、現在の音韻論は「音素」を重要な概念として理論を作りあげているから、音素ぬきに音韻論は成立しないといってよいほどなのだ。「花」は /hana/ のように4つの音素の連続として考えることになる。

さきほどの線状性に話を戻すと、「花」という語（形態素）は時間軸上に4つの音素が並んでいるので線状的だと説明できそうであるし、実際にそのような説明をする人もいる。しかし、ソシュールの言う線状性はシニフィアンの性質であって、シニフィアンは音素の配列ではなく「音響的イメージ」なのである。言い方が違うくらいでけちをつける必要はないと思う方もいるだろう。

ソシュールの時代には、「音素」という考え方はまだ一般的でなく、ソシュールはシニフィアンを音素として見ていなかったとエングラーやマウロは述べている。ソシュールは実際の発音を1つの流れをなすかたまりのようなものとして捉えていたのではないかと思う。それは時間軸上に生成される音声現象であり、それを受け止めてイメージとして捕捉するようなものである。

†つじつまが合わないまま放置できない

音素という概念は、ボードゥアン・ドゥ・クルトネが提唱したと言われているが、構造言語学に取り込まれて普及した。おそらくはブルームフィールドが主著『言語』で多用したことも大きく貢献しただろう。音素（phoneme）ということばは19世紀からすでにあったのだが、ソシュールは言及しておらず、20世紀も後半に入って言語学者がみな音素を理解するようになってはじめて普遍性の高い概念になったに過ぎない。「音素など幽霊に過ぎない」という言語学者もいた20世紀の前半はまだ音素を認めない考え方も珍しくなかったのである。

ともあれ、現在の言語学では「音素」はほぼ必須の概念なのだが、シニフィアンを音素の連続として考えることなく、ソシュールは「線状性」について述べているところが重大な齟齬《そご》になっている。いま言語学を研究したり学んだりしている者は音素が当たり前の概念になった世代だから、音素と関連づけて線状性を理解したくなる。しかし、それは本来の線状性の理解の仕方ではない。さて、困った、どうしたものか。

学問における諸概念は先達のいろいろな考えがまじりあって形成されていることが多い。欠点や問題点が見つかれば修正するし、他の考えや枠組みと矛盾しないように調整すれば長く有効なものとして使えるからである。提唱者のオリジナリティは重要でないがしろにするわけにはいかないが、線状性についてはソシュールの考えを正確に理解しないまま放置されている面もあり、独創性を尊重して手をつけないままになっているとは言えない。

入門講義でしか出てこない本質論は修正せずに放置しても、ほとんどの言語学者の研究に影響がない。怠慢の結果不整合にも気づかず放置していたというのが実態である。ソシュール様を不可侵の存在として尊重してそのまま使うのではなく、整合するように修正して使う方がその考えも生きると思うのである。

†不可逆性と単層性

音素が時間軸上に配列されることを線状性の制約の結果とすると、さらに修正を要することもある。線状性は時間の流れの特性なので、「不可逆性」と「単層性」がある。不可逆性は、時間は一方向にしか流れないということである。現在も一瞬ののちには過去になり、未来もじきに現在になるが、その逆はない。

シニフィアンが音素の配列だとしても、その順序を自由に変えることはできない。マルティネは、フランス語で /mal/ と /lam/ がまったく別の単語になることを指摘している。順序が重要な意味を持つのは線状性があるからだとも言える。もう1つの単層性は、一次元性と言ってもいいが「線」としての本質そのものと言うべきものである。

ソシュールのシニフィアンは一体となった音声現象の流れのようなものだから一本の線と見ても問題ないわけだが、音素の配列をまず措定すると、音素間の相対的関係がなす動きとしての要素を別次元として設定することもできる。

これは、超分節素あるいはかぶせ音素（suprasegmental）と呼ばれるもので、アクセントや声調、イントネーションのたぐいが含まれる。複数の線は一次元的ではなく、平面上に描き出すしかない二次元的なものである。とすれば、単層ではなく複層である。

音素配列と別レベルの二層を想定すれば、一次元的ではなくなるが、これらはいずれも同じ向きで一方向性（不可逆性）を持つ線と見ることができる。また、アクセントや声調のように単語の意味を決めるという意味で辞書に記載できるような固定的な特徴と見なせるものと、イントネーションのように文や発話の機能にかかわり、形式上明示しにくいものを区分すると三層を想定しなければならない。

何層を設定しなければならないかは言語ごとに違いがあるかもしれないが、いずれにせよ「複線状性」を想定すれば、現在の言語学でも矛盾なく使える概念装置になる。もっとも従来よく使われていた説明の通り、/m/ や /l/ といった単音（分節音）は同時に複数出すことはできず、順に発音するしかない。これは分節音だけのレベルでは単層であって、複層化は生じないということである。しかし、超分節素も考えるなら多層の線状性を考えないと、現在の音韻論とは両立しないし、現実の話しことばを十分に説明できないことになってしまう。

†「構成性の原理」と経済合理性

時間の流れが逆向きにならないことはいうまでもないが、この概念をもっと広げて使うならば、線状性の縛りを受けないケースがあることを考慮すべきだと思うのである。話しことばは線状性のある音声としてのシニフィアンの連続なのだが、それをただ受け止めていれば自動的に理解できるわけではない。音素の連続を正確に把握したとしても、それを形態素として切り分ける必要がある。

「オカネオクッテ」が「お金、送って」なのか、「お金を食って」なのかはポーズの位置やイントネーションといった特徴でも見分けることができるが、わたしたちは常に正確で理想的な発話をおこなっているわけではない。変なところでポーズが入ったり、「あー」とか「うー」といった情報内容にかかわらない音声が入ったりすることも多い。これらは学校文法では感動詞に分類されるが、言語学ではフィラーと呼び、情報学的にはノイズと見なされることになる。

アンドレ・マルティネは、言語は体系性によって経済合理性を持つことを主張した。日本語の音素の数は30程度で少ないほうだが、それでも必要な数の単語をつくり、その単語を組み合わせて文をつくることができる。

単語が1つの形態素だと見れば、文は形態素の組み合わせで、形態素は音素の組み合わせということになり、少ない音素という部品だけで1言語が成立していることになる。音素のレベルと形態素のレベルで分けられる性質を二重分節とマルティネは名づけ、それが言語の経済性を支えるとしたのである。

しかし、その後の統語論の研究では、完全に論証されているわけではないものの、語の組み合わせが句(phrase)を作り、句の組み合わせで節(clause)ができると考える。節はそのまま文になることもある(単文という)が、複数の節が組み合わさって文になることも多いことがわかっている。

とすれば、音素と形態素と文を想定する「二重分節」ではなく、「音素と形態素と句と節と文」を想定する五重文節を考えるべきかもしれない。もちろん、文が組み合わさって談話をなすので、もっとレベルを増やすことも考えられるし、複統合の言語などは別のレベル設定を考えなければならないだろうから、汎用性がある「多重分節」としてもよいだろう。少なくとも、複数の組み合わせレベルがあることで経済的な体系性を持つという二重分節の本質は受け継いで、もう少し言語学の進歩に合わせて調整すると「多重分節」とすべきだと思うのである。

しかし、この「二重分節」という牧歌的な用語はグローバルに広く知られている。最近は、言語のいくつかのレベルや階層を設定する「構成性の原理」として説明することが多くなっているが、これは統語論の側から出てきた考え方である。しかも、これはより小さい部品を組み合わせて中規模のパーツをつくり、それが大きなパーツとなって全体ができあがるボトムアップで言語を見ているのに対し、二重分節は文を形態素に分け、形態素を音素に分け、というトップダウンでとらえている（だから、よく混同する人がいるが、文を形態素に分ける第一次分節、形態素を音素に分ける第二次分節という順序になる）。

私たちは、「昨日はものすごく強い風が吹いたね」のような文を言うときに、「昨日は風が吹いたね、ものすごく強い」あるいは「ものすごく強い風が吹いたね、昨日は」のように言うことがある。言語学では、このようなものを文のなかの句が文の後方に回されたと考えるので、後置文と呼ぶが、「昨日は」や「風が」を「は昨日」「が風」とすることはできない。とすれば、「昨日は」や「風が」を句としてのまとまりをもって位置を変えることができ、文の後方に回ることもある、と考えた方がよい。

これをマルティネの二重分節のまま、文を語が直接構成すると考えると、「風」と

「が」は語にわけても「が風」とはならないことを別途説明しなければならなくなる。従来も「が」は後倚辞《こういじ》（後接語）なので本体の後ろにしか現れないと記述することはできたが、注釈や言い訳が多い原理では魅力がない上に使いにくい。構成性の原理は概念的にはわかりやすいが、階層の数や経済合理性もうまく取り込める考え方にバージョンアップしていくべき時代だと思うのである。

3　体系か混沌か

†「そこそこ」「ある程度」の体系性を認める

言語学では、言語を体系と見なすことは既に述べた。そして、言語学自体も体系的に整備されていて、音韻・形態・統語・意味・語用のように、階層的な研究領域が設定されている。これは、言語学が論理的な記述のできる強固な体系性を標榜しているためである。言語学は人文科学に分類されるが、それでも自然科学的な科学性を目指していること（第4章）が、この体系性への執着ともつながる。

体系性は論理的に記述できる連関性であって、変化や対応を記述するときには「規則」

という形式で表せる。いわば場当たり的ではなく、法則性のようなものがあって、初めて「体系」と呼べることになる。しかし、全ての言語学者が自覚しているように、古今東西、どの自然言語を見ても、「完璧な体系性」を持つ言語はない。言い換えれば、言語とはいずれも「ある程度」は体系をなしているが、そこには体系として網羅できない例外や逸脱があって、「そこそこ」体系をなしているに過ぎないのである。

あとは、体系の「完璧さ」「不完全性」をどう評価するかの違いである。「ほぼ完璧なのだが、すこしばかり例外や逸脱があるものの、それは誤差と言ってよい程度のものだ」と見るなら、胸を張って「言語は体系である」と言えばいい。イェルムスレウやチョムスキーやモンタギューなどは、言語観の違いこそあれ、おおむね数学のように形式処理が十分に可能な体系をなしている（はずだ）と考えていたのだと思う。

†社会言語学的な柔軟視点

一方、その対極にあるのは、言語の根本は体系と見てよい合理性と法則性で説明できるが、細部の雑多な部分には自由で柔軟な部分があり、それらまで一律に同じような規則や法則として記述するべきではないという考え方である。社会言語学的なアプローチは、おおむねそういう立場をとる。

そして、一見規則性がないように見える現象にも一定のパターンというか様式が存在していると考える。当然のことながら、完璧な体系を設定すればするほど言語は抽象的で概念的なものになって現実の有り様から乖離《かいり》していく。逆に、根本には体系性や法則性があるものの、現実を忠実にとらえた結果わかりやすい規則や法則で言語を記述することは難しいと考えれば、事実を直視してはいるもののわかりにくく混沌とした、とりとめのないものとして言語を見ることになりかねない。

このあたりのさじ加減は、学者ごとの世界観や人生観が反映するから、いずれが正しいとも何が正解だとも言えない。要は木も見て森も見てバランスよく言語の本質に肉薄することである。

言語学がもともと比較言語学として始まったことは既に述べたとおり（第3章）だが、そこでも音変化は一律に一斉に起こるものであり、その例外となるものも理由を合理的に説明でき、狭い範囲でのみ成立する規則があると考えた。これは、例外もその条件を明示して場合分けし、一定の規則で説明しようとする姿勢である。

いまでも、大原則から小原則まで適用範囲の異なる原則や規則で説明しようとするやり方があり、広く適用できる普遍性のある規則をグローバル・ルール、狭い範囲でのみ適用される規則をローカル・ルールとして区分している。カードゲームの大貧民のように、ローカル・ルールがモジュールのようになっていて、それを付け足したり差し引いたりできれば、扱いは簡単である。しかし、現実はなかなか難しい。

以前から、形態に関わる文法規則や音韻規則には、一定の例外が見られ、おおむね例外は使用頻度の高いものに偏ることが知られている。おそらく英文法を学んだ人は、動詞の不規則活用や名詞の不規則な複数形には、頻度の高い語が多いことを直観的に理解するだろう。確かに、men や women あるいは children は頻度が高いだろうが、goose - geese はどうだろうなどと考え始めると「ガチョウ」は日本より英語圏のほうがなじみがあって頻度が高いかもしれないものの、なかなか直観で頻度は判定しがたい。

もっとも、第2章で触れたように今は電子データ化されたコーパスがメジャーな言語にはあるから、使用頻度を数理的に求めることはできる。実際に使用された言語データを集めてつくったコーパスは前世紀末から急速に発達し、既にコーパス言語学という一領域（厳密には方法論であるが）が形成されている。コーパスを使って検証すると私たちの実感を論証する結果になることもあるが、言語使用者としての私たちの実感があまり当てにならないことが端なくも露《あら》わになることが珍しくないのである。これは私たちが母語話者であっても、意外と母語のことや自分の使用実態をよくわかっていないことを示している。

†「もったいない」精神からの体系性？

ここで、学校文法でも扱わないほど簡単な課題を1つ出してみたい。「行く」「取る」「巻く」はいずれも五段動詞（子音語幹動詞）であるが、この中で活用形態が例外的なのはどれだろうか。

現代日本語で活用が不規則な動詞は「する」と「来る」の2つだけと考える方が多いと思う。確かにこの2つは五段動詞にも一段動詞にも分類できず、規則動詞とは言えない（母音語幹動詞か子音語幹動詞かという区分なら後者になる）。しかし、これらは過去の意味などを表すタや接続助詞のテをつけるときはそのまま連用形が現れるから、その点は不規則ではない。「来た・来て」「した・して」を見ると、そのまま連用形が出ている。

さきほどの3つの動詞の連用形はそれぞれ「行き」「取り」「巻き」であるが、タやテをつけると形が変わり、「行った」「取った」「巻いた」となる。通常の連用形はそのままの形だけが単独で使われるので「露出形」というが、「取っ」は連用形ではあっても単独では使わない「被覆形《ひふく》」である。露出形と被覆形の2つの連用形を持つ動詞は少なくなく、露出形が被覆形に転じる変化を国文法では「音便」と呼んでいる。「行っ」「取っ」は促音便、「巻い」はイ音便、「飛んだ」の「飛ん」なら撥音便《はつおんびん》である。音便が起こるということは複雑な変化であるが、別段、例外ということはない。

音便はいわばローカルルールにあたる。細かいが別段規則から外れているわけではない。このように大規則を立て外れるものがあればより小さい規則でカバーするという方法をとるので、まったくの例外はごく少数になる。

五段動詞のうち語尾が「る」のものは、「割る」「刈る」「擦《す》る」などタやテをつけると促音便になり、語尾が「く」のものは「解く」「吐く」「湧く」などタやテをつけるとイ音便になる。だから、「取る」と「巻く」は音便のローカルルールまで使えば規則通りと言える。五段動詞で語尾が「く」なのに「行く」はイ音便にならない。

「置く」や「浮く」のように母音で始まるものや「聞く」「引く」「付く」なども例外なく「置いた」「引いた」のようにイ音便だが、「行く」は「行いた」とはならない。語幹の「い」と音便の「い」が続くのを避けたのではないかという推測は正しいかもしれないが、それは動機や原因であって、規則ではない。よって、「行く」だけがタやテに続くときにイ音便ではなく促音便になるという個別の記述をすることになる。例外を数の多いものから規則で説明していくと、最後に1つだけ残ることがある。1つになると規則を立てなくても具体的な記述のほうが簡略で無駄が少なく、望ましいことになる。

日本語を母語にしている人たちにとって「行く」が「行った」や「行って」になるのは

当たり前で、それを規則で説明する必要はないのである。なお、「言う」が「言った」になるのは「買う」「這う」「食う」で確認できるように、規則通りの促音便である。「行った」が「言った」の影響を受けたとする（言語学では類推が作用したと考える）のは要因の1つとして正しい推測かもしれないが、単純な記述には必要ないのである。

このように、体系性をまず考えると、できるだけ規則の組み合わせで現象全体を説明することになる。これが言語学の基本的な方法論である。これは一枚の大きな布や皮を無駄なく使い切るための手法のようなもので、できるだけ端切れや半端を出さないという意味では、合理的で経済的な感じがする。もしかしたら「もったいない」精神にも合致していて、日本的なのかもしれない。しかし、そうやってできた規則の組み合わせが本当に「体系」をなしているのかについてはあまり検証されることがない。規則化できるところをなるべく網羅して「やりつくした」ことに満足しているだけなのかもしれないのだ。

†体系の科学性を疑ってみる

そもそも「体系」とはどういうものなのかに明確な定義はなく、より細かいところまで規則を見つけ出したことは、「よくやったぞ。えらいぞ」と評価すべきことであるにはせよ、だからといって、それが体系としての完成度が高いことにはならない。そこがなんとも悩ましいのである。

ジョーンズ卿の発見をきっかけに19世紀に進展した歴史言語学では、「音変化は一律に生じる」がどうしても説明できない「例外があればそれは心理的要因によるものだ」として、音変化の法則を機械的に適用するようになった。この考えは19世紀末葉の青年文法学派と呼ばれたレスキーンやブルークマン、オストホフらの時代がその頂点だったと言えるだろう。

青年文法学派は、言語変化は何らかの方法ですべて説明可能だと考えていたようで、一律に音法則として説明しようとする姿勢を当時学界の御大だったクルティウスが「若い」ことを軽侮して名付けたのが青年文法学派（ユンググラマティカ）だったと言われている。クルティウスはすべての音変化を法則で科学的に説明してしまうことには慎重で、公平に見れば、良識的だったと言えるだろう。

しかし、ものごとはちょうどいいところで立ち止まって引き返しはしないものである。極端の側に針が振れて、行き過ぎたところまで行かないと十分に認識できないこともある。ミルカ・イヴィッチは、この青年文法学派のやり方を「言語を原子レベルまで分解した」と評している。要するに、科学性を標榜するあまりやり過ぎてしまった、のである。

ソシュールは、この青年文法学派の末席に加えるべきか、次の時代の先頭を走ったと見るべきか、判断が難しいところだが、ちょうど両者の境界域に位置するというべきかもしれない。

いずれにせよ、19世紀までの比較言語学が「法則」を重視した歴史的研究を進めたのに対して、20世紀になると、十分な記録のなかった言語を現地調査する共時的な記述研究へと中心が移っていく。

記述研究は雑多な現象を記録するところから始めるので、理論的に純化する上で説明できないことを後回しにしたり、無視したりしなければならない。もちろん、説明できない現象に大発見の可能性が眠っているのだが、それでも、青年文法学派のように「説明できないことはない」という態度で臨むわけにはいかない。

構造言語学は、音韻体系のように構造化しやすいところから始める。音韻にも説明できないところは残るものだが、統語論や形態論よりも形式性が高いから、法則や規則として体系化できる部分は多いだろう。20世紀の前半はまだ意味の研究も本格化しておらず、音韻論から形態論といった形式性が高い領域から攻めていったというところだ。

1950年代の終わりに始まる、チョムスキーを中心とする理論言語学は、文法を形式的に処理する方法論であるが、規則で処理できる範囲を限定しながら高度化していった。19世紀後半の比較言語学が体系性重視へ向かい、20世紀前半にその揺り戻しがあったとすれば、20世紀後半はさらなる体系性重視と形式処理の抽象化へと再び揺り戻したことになる。生成文法は、枠組みがだいたい10年から20年で更新されてきたが、それが長く続いてきた理由の1つだろう。興味深いのは、20世紀後半は、理論化への揺り戻しだけでなく、変異の研究としての社会言語学（第1章）や、理論的な方向性は持っていても形式処理という手順に異を唱える認知言語学などへと多様化が進んだことだ。

†「言語＝体系」から出発する

ここでは、生成文法とは逆の手順での枠組みを想定する「複雑系言語学」について紹介し、「体系」とは何かを考えてみたい。

英語で語中にyを含む単語はギリシア語に由来することが多いが、体系（system）もラテン語を経てギリシア語から入った借用語であり、本来は「立ち上がったものをまとめたもの」といった意味である。

言語が「体系」であるというときは、全体が一定の機能的統合性や構造的統合性を有している必要があり、体系を構成する要素は同じ観点でその価値を規定できる必要がある。言語が持つ全体性や統合性は、表現こそ違うが、多くの指摘がなされてきた。

単純で直観的なのは、フンボルトの「言語は一遍にできあがったとしか考えられない」

という言い方だろう。ここで言う体系は言語が全体として1つのまとまりをなし、全体を支配する規則があって機能していること、あるいは、そのときの全体像を指している。とは言え、「体系」に定義のようなものを与えてみても、その実質ははっきりしない。この点はこれまでも同様で、どこから体系と見なすかという判定法や基準が存在するわけではなく、理念的に「1言語=1体系」と理解してきたに過ぎない。

つまり、なんらかの科学的な手順で論証したのではなく、言語を体系と措定するところから出発したのである。これは、数学で言えば公理のようなものである。公理は証明せずとも成立する(と見なされる)前提として導入されるものを言うが、同様の明晰な手順を踏んではいないものの、言語の体系性を否定するといままでの言語学の枠組みが失われてしまうほどのインパクトを持っている。有り体に言えば、言語が体系でなくては困るのである。

4　複雑系言語学という布石

†生成文法の手法

「困るんだよ」と話の通じない上司のような顔をしてふてくされていても話は進まないので、体系であることはとりあえず認めて、次の段階の問題を考えよう。それは、体系の「完全性」ということである。

理論言語学では、特にいちいち議論はしないが、言語体系はほぼ完璧なものと見るのが普通だと思う。私たちが観察できるのは言語の表層的な現象だけで、その背後にあるはずの規則体系は見えないものの、現象から本質を明らかにしていくという点では、理論言語学も心理学や社会心理学などの行動科学もアプローチが共通している。

そこで想定される言語体系は、完全無欠ではないにしても体系として相当程度完成度の高いものでなければならない。そう考えるからこそ、初期の生成文法は数学的な概念操作によって言語のしくみを明らかにできると信じたのである。

言語が「体系である」あるいは「体系と見なしてよい」という点では、社会言語学や記述言語学なども同様に考えている。少なくとも、言語を無秩序の混沌だと考えることはない。しかし、完全無比の完成された体系と信じて研究しているかというと、必ずしもそうではない。

どういう言語観を持ち、何を信じるかは、究極のところ、個々人の考え方で決まるので、簡単に一般化はできないが、言語のばらつきや例外を直視していると、言語を完成度の高い体系とは考えにくくなる。要は、体系としての完成度が低く、ほつれややぶれがあると見るのである。

そして、もうひとつは、自然界の現象や経済現象など、多数の関連要因があると考えられるものについて、分析の有力モデルを提供している複雑系という考え方を言語に適用するという動きが今世紀に入ってから出てきた。いわゆる「複雑系言語学」という考え方である。これらはいずれも、言語体系を単純で透明度の高い、予測しやすい体系とは見ずに、複雑・複合的・不透明・予測が困難と見る点ではおおむね共通している。

†「複雑・複合的・不透明・予測が困難」を前提に

建築物のような構造体でも、実際にどこに荷重がかかるかを事前に計算してそれに十分耐えうるものを設計しなければならないが、その中に機器が設置され、中で人間が活動し、場合によって重機などが移動することがあれば、それによっても荷重のかかり方は変わる。また、強風や地震も想定しておく必要があるだろう。ときには、想定を超えた事態が生じることもある。それでも、ものの重さや自然現象による負荷は比較的計算しやすい。

難しいのは人間など個々が判断主体となるようなケースである。災害発生時の公共施設、例えば、鉄道の大きな駅などで人間がどのように動くかを予測する場合が後者である。

個々の判断主体の認識や考え方とそれが反映した結果を踏まえた全体の動きをシミュレーションの手法を使ってコンピュータに計算させた結果の画像や動画を見たことのある人も多いと思う。

複雑系（complex system）は、情報科学の発展とともに知られるようになってきた考え方で、複雑物理系（complex physical system）と複雑適応系（complex adaptive system）に大きく分けられる。それぞれ頭字語をつくってCPSとCASと呼ばれている。前者は線形性を有し、自己複製能力を基盤とするしくみであるのに対して、後者は適応力を持つ主体（adaptive agent）が構成するしくみなので、反応に規則性や反復性が期待しにくく、非線形的になる。

適応力を持つ主体は、人間などの生命体を想定するとわかりやすい。複雑系研究では、アメリカのサンタフェ研究所が中心になっているが、２００９年には「言語は複雑適用系である」というポジション・ペーパーが出ている。

ポジション・ペーパーとは声明文のようなもので、一見、論文のような体裁をとっていても、研究成果を述べるものではなく、要するに「複雑適応系として言語を研究するべきであり、そういう研究を進めることを宣言するぞ」と言っているようなものである。著者には言語学者も名を連ねてはいるが、情報工学などの学者が中心になっていて、言語学全体としては積極的には反応していない、というところだろう。

もちろん、それは20世紀の後半から「言語学の自律性」という考え方が支配的だったことも無関係ではない。これは、言語学は自律的な学問であり、他の学問領域から成果や知見の提供を継続的に受けなくても成立すると考えるものである。言語学が他の領域の成果を刺激として自発的に取り込んだり、言語学から他の領域に成果を提供したりすることはもちろんあるが、他の領域に依存しなくとも研究が成立するとして「一人前としての言語学」を高らかに歌うのである。

†「言語学の非自律性」という旗幟

初期の生成文法で統語部門を立てて自律的と見なしたのも同様の考え方で、いわば自己充足型・自己完結型のしくみと見るわけである。複雑系の考え方は、この種の自律性を批判しているわけでも対立しているわけでもないが、しかし、言語はさまざまな要因が関与し、反応と結果を単純な規則で説明できるような単純な体系ではないと見るわけだから、言語研究は言語学だけで完結はしない、というようなものである。

いわば「言語学の非自律性」という旗幟《きし》を立てるのだ。言語学の自律性という考え方が生成文法などの理論言語学で重視されたことを考えると、言語学の非自律性という考えが対立的な枠組みを持つ認知言語学と親和性がありそうだと感じる。そして、さきほどのポジション・ペーパーの著者として参加している言語学者が認知言語学の研究者であることを考えると、複雑系言語学は認知言語学と立場が近いと見てよいのだろう。

ところが、「それなら認知言語学を拡張する形で複雑系言語学を進めればよい」という単純な結論にはならない。というのも、認知言語学は人間の認知と言語の関係から出発するのに対して、複雑系言語学は、ある対象を複雑系と位置づけることから始める。上述のポジション・ペーパーは、論題が「言語は複雑適応系である」となっているくらいで、言語を一種の複雑適応系と見なすのである。

†言語共同体という設定

複雑適応系では、適応力を持つ主体（adaptive agent）が多数存在してその系（system）を形成していると考える。多数主体（multi-agent）の状態で、主体どうしが影響を与え合う関係をなす。例えば、マイワシの群れや渡り鳥の群れなどは、ここでいう複雑適応系として想定しやすい。個々の生物個体がエージェント（主体）であって、多数存在しながら相互作用が生じ、全体として体系をなしている。しかし、言語が複雑適応系というときに何を主体と見なすか、という問題がある。

言語共同体なら、人間の集団だから複雑適応系と見なすことは無理がなく、自然である。もっとも、複雑適応系の特性を持っているのかは検証しなければならないが、個々の判断主体が想定しやすく、議論も立てやすい。しかし、言語を構成する何を主体とすれば、説得力ある議論になるのかはわかりにくい。個々の単語を主体として扱うことが思い浮かぶが、「空」だの「森」だの「ピーナッツ」だのという単語が適応力を持つ主体とは考えにくいし、それでどのような説明が成り立つのかが問題になる。

最近、「雰囲気」を「フインキ」という若者が見られるが、これも、「雰囲気」という単語がほかの単語と接触して影響を受けた結果（相互作用の結果）、その音韻を転位させて「フンイキ」から「フインキ」へと音韻転位（メタテシス）を起こした、とでも言うのだろうか。この議論でのポイントは、主体はそれが（抽象的あるいは機能的にでも）活動する主体であり、また、（比喩的にあるいは概念的にでも）適応力を持っていて判断を下せる主体であるということである。しかし、「雰囲気」という単語をそのように見なすべき理由が見当たらないのである。

もちろん、人間を言語使用の主体と見なして、言語使用者の集団を複雑適応系と見なす論法は成立する。しかし、これは人々の地域集団や職能集団を一種の言語共同体と見て研究するので、関心の対象は多少ずれるにせよ、社会言語学に近い研究になる。

日本語は、名詞と名詞などが複合するとき連濁が生じるので、連濁の研究は進んでいる。「手+心」が「てごころ」、「丸+腰」が「まるごし」など現代でも生産的に使われている。「嘘寒い」は、現代では「うそさむい」と連濁しない人が多いが、かつては「うそざむい」と連濁することもあり、一部の辞書には載っている。「肌寒い」は「はだざむい」が規範形だが、「はださむい」という人も多く、これを認めている辞書も増えてきた。「うそざむい」があるなら、「はだざむい」だけを間違いとする根拠は希薄になるからだ。

「試合巧者」などとつかう「巧者《こうしゃ》」を「見」「手」と複合させた「見+巧者」「手+巧者」などは現代の感覚なら連濁しないかもしれないが、「みごうしゃ」「てごうしゃ」となる。これは、漢語でも連濁が盛んだった江戸時代に定着した複合語だ。「出開帳」「居職」の「でがいちょう」「いじょく」と近世に定着したものは漢語でも連濁を起こす。

例えば、こういった変化も言語共同体における使用者の相互作用でなぜ連濁が減るのか、と見て複雑系言語学のテーマを立てることは可能である。しかし、言語共同体を複雑適応系とし、その構成員ひとりひとりを適応主体と見なくても、従来の社会言語学のやり方でも解明できるだろう。ということは、言語共同体を複雑適応系と見る必要はなくなってしまう。

†解体するのか、更新するのか

複雑系言語学はまだ方向性と枠組みを大まかに考えている段階で、言語学に今後いかにして役立つのかはわからない。ただ、少なくとも、既存の言語学とは大きな違いがあることは踏まえておかねばならない。

ソシュールが言語を体系だと言い、その後の構造言語学でも抽象的な音素や形態素という概念が定着して体系や構造としての記述が確立していった。その後の理論言語学では、文の生成に抽象的な概念を導入したが、この抽象性は普遍性にもつながる。

このような点は、動詞句や名詞句などの句の構造を抽象化することでどの言語の説明にも適用できる普遍概念とし、普遍文法をめざしてきたこととも符合する。

結果として20世紀以降の現代の言語学では、「言語は体系である」とまずア・プリオリに措定し、その体系の実質を記述し、言語体系によって作り出される形式をスマートに説明できるレベルを目標に進んできたと言ってよい。しかし、複雑系言語学はその点が違うのである。

複雑「系」と言うくらいだから、もちろん、体系が存在しないと考えるわけではないのだが、「言語は体系だ」とあらかじめ定めてから出発するやり方を複雑系言語学はとらない。

むしろ、「体系」のイメージが既存の言語学とは大きく異なるというべきだろう。複雑系言語学における「体系」は最初から完成しているものではなく、徐々に全体として機能していくのに必要なしくみを備えていくもので、論理体系のような緻密なものでもない。結局、最後につじつまが合うようなしくみであればよく、どの時点でどこから見ても「体系」らしい整合性があるというものではないのである。

†言語の「自己組織性」

水族館に行くと、マイワシなどが1つの大きなかたまりをなして泳ぐ迫力ある様子が見られることがある。これはイワシ・トルネードとして知られているが、この群れのかたまりはベイトボール（bait ball）という。複雑系の特徴の1つとして取り上げられる「自己組織性」の例として最もわかりやすいのがこのベイトボールではないかと思う。

自己組織化は、特段の命令指揮系統がなくても、全体として自然に、自発的に組織や構造をなし、一定のパターンで機能するような性質のことである。イワシ類がつくる球形のかたまりは、クジラやサメなどの大型の捕食者に対する集団的防御行動だろうが、あるときまでは自由に気ままに泳いでいた個々のイワシが集団で統制のとれた動きをするわけである。

言語は、何かの攻撃に備えて自己組織性を発揮するというわけではないが、全体として必要な情報伝達ができるように自然に調整していく機能があると考えることはできるだろう。いわば、常に自己組織性が機能しているが、それは非常にゆるやかにバランスをとるような動きをしているということだ。

例えば、ある言語に別の言語からの借用語が生じたとしよう。借用語は、もともとの言語で発音されていた形式をある程度保持する場合と取り込んだ言語の音韻体系にあわせて変形する場合とがある。英語で「お茶」を表す tea は現在「ティー」と表記されるのが普通で発音もそれに合わせることが多い。しかし、「ティ」という音節は現代標準日本語では使わない。日本語の音韻体系に合わせれば「テー」か「チー」かを選ぶところだろうし、実際に、そういう発音をする人も年配者のなかにはいるだろう。

借用語が外来語として普及する中、原音の発音を保持したり区別したりするために、在来の日本語にはない「ティ」が「テ」や「チ」とは別に存在する必要が出てくる。しかも、イ段では「スィ」「ティ」「ツィ」「フィ」「ズィ」「ディ」「ヅィ」のように組み合わせ次第で発音できるものが多数ある。これらは、もともと子音や母音が単体で日本語にあり、組み合わせると別の音に変わるだけで、日本語が発音できればそれほど苦労しなくても発音できる可能性がある。

例えば、サ行の子音［s］にイ段の母音［i］を合わせると、理屈の上では「スィ」［si］になりそうだが、舌先が上前歯の歯茎あたりから硬口蓋《こうこうがい》へと下がって（口蓋化という）、「シ」［ʃi］になる（国際音声記号では日本語の「シ」は［ɕi］で表すのがより正確）。［s］のほうは、「サ・ス・セ・ソ」の4つがあり、イ段の「スィ」が空いている。［ʃ］の系列は拗音もあるので、「シャ・シ・シュ・ショ」となり、「シェ」が空いている。

体系上空いている部分は「あきま」と呼ぶが、従来の日本語で用いる音韻として欠けているということである。あきまは子音と母音がそれぞれあって組み合わせが欠けているだけだから、潜在的に発音は可能である。あきまの音で対応できる借用語は原音に近づけて発音できる。

例えば、「シート」と「スィート」でsheetとseatを区別することができるわけだが、まだ「シルバースィート」だの「年間スィート」と言う人は少数派かもしれない。「スィ」が借用語以外にも使われるようにならないと、体系上はあきまの暫定的な使用にとどまり、一人前の日本語の音韻にはならない。

†言語におけるバタフライ効果

借用語の発音にしか使わない半人前の音節を含む音韻体系は、完全無欠の、美しい体系とは言えないが、現実への対応力を持っている。近年、「おいしい」をふざけて「オイスィー」のように言う人がいるが、それも音節を和語の発音に、逸脱的ではあるが、応用しているものであり、今後、日本語の音韻体系に定着する可能性はある。

そうなるとしたら、現在の状態は過渡期の音韻体系ということになる。日本語を含むアジアの言語では、音韻的にL系の音とR系の音を区別しないものが多い。これらは流音と呼ばれるので、日本語のように区別しない言語は「単式流音」を持ち、英語のように区別する言語は「複式流音」を持つという。

日本人でもラ行を［l］の音で発音する人も珍しくなく、音声学的には巻き舌の［r］でも弾き音の［ɾ］でもよいので、単に区別がないというのが実態に即している。つまり、日本語のラ行には1系統しかないから、あきまは存在しない。あきまがないと新しい音韻として体系には取り込まれにくいので、いくら、L系とR系を持つ言語と接触しても、日本語にはその種の区別は生じない。これも、体系という観点から説明ができるわけである。

体系に、柔軟に対応できる面とかなり強固に制約をかける面とがあると考えれば、現実にうまく適合した説明ができるようになる。

　第3章でも紹介したが複雑系の特徴として語られる「バタフライ効果」とは、気象学者ローレンツの講演に由来する寓喩《ぐうゆ》である。南米アルゼンチンの草原パンパで蝶が一度羽ばたくことで生じる空気の動きが最終的にカリブ海でのハリケーンの発生につながる場合の最初の原因の作用を指す。これは想像上の比喩で、最初のできごとだけを見ても重大な結果は予測できないものであり、初期の混沌状態における小さな事象が大きな結果につながるので、単純な予測ができるわけではない、という考えを表している。

　重要な言語変化も最初はごくごく小さい原因から始まるのかもしれない。もちろん、それは科学的に論証するようなものではないが、遥かな昔に思いをはせてあれこれ考えてみるのはロマンチックだとは思うのである。そして、そういう見方が言語学を新しい展開に導く可能性に期待したいと考えている。

おわりに

本書は、現在の「言語学」のありようを理解しやすいように、多角的に論じたものであるが、紙幅の制約もあって、系統立てた言語学の概説にはなっていない。表面的に音声学・音韻論から語用論までを扱っても、新書一冊に収まらないだろうし、本書のように、言語学の歴史や、社会言語学、発達言語学などの外的言語学も射程に含めようとすると、簡単にまとめても数冊にはなるだろう。ただ、概説書のかたちをとらなかった分、現在の言語学の面白さや楽しさ、問題点や悩みなどを全体的に見通すことはできたと思う。筆者が著者に名を連ねるものを含めて入門書や概説書は枚挙にいとまがないほど出ているので、基礎概念などを詳しく知りたいと思う方はあわせて見ていただければありがたい。

本書全体を貫く姿勢として特に述べておきたいことが2点ある。言語学は、新しい成果を取り込みながら徐々に現在の形になってきたが、そろそろ枠組みを含めて全体を再構成すべき時期にさしかかっているのではないかということが第一点である。増築を繰り返して大邸宅を作ることは可能かもしれないが、大きなお屋敷のなかに使われていない場所や住んでいる人さえ把握していない部屋があるようでは、お化け屋敷ならともかく、健全たる建築物としては好ましくない。学問として統合性がある以上、全体を把握した上で、長く研究がしやすい基盤を整備しておくべきだと思うのである。

この半世紀で言語学の領域は拡大してきたし、いまも拡大している。それは悪いことではないし、拡大できるだけの可能性があることはすばらしいことでもある。しかし、あまりにも広がりすぎた結果、同じ言語学の研究をしていながら、内部でも話が通じない状況になったり、自分の専門以外の領域のことをまったく知らなかったりするのでは、悪弊のほうが多いようにも思う。密な協働関係をつくらずとも、話が通じる程度のゆるい学術共同体を維持できるのが望ましい。少なくとも、空中分解しないようにしなければならない。これが第二点である。

筆者自身が学生のころ（学部生だったか院生だったか記憶が曖昧だが）、研究室で先輩や非常勤の先生たちと、「自分たちは言語学の領域を意識して言語学の研究をすべきなのか、言語学から学問を始めただけなので進む先は言語学を逸脱してもかまわないのか」といった話をしたことがある。言語学研究室の出身だからといって、言語学をそんなに後生大事にしなくても、自分の関心が赴くままに研究すればいいという意見の人が、そのときは多かったと思う。中には、自分は自分が面白くて役に立つと思う研究を続けるだけで、それが言語学の中にあろうが外にあろうがかまわないし、言語学が消滅したっていいという極論を述べる人もいた。

いまさらながら、頭が固いという気もするが、筆者自身は「言語学の領域を守って言語学の研究をすべきだ」という少数派のほうだった。言語学研究室にいたのだから、「言語学がなくなってもかまわない」という不義理なことは口が裂けても言えない、そんな気分だった。その時期は、いずれの学問も拡張発展した時期で、よく「学際性」の重要性が叫ばれた時期でもあった。だから、既成の学問の枠組みに縛られずに、自由に柔軟に研究をしたいという考えの人がいたことも理解できる。ただ、学際性といっても、最初から学際領域に飛び出すのは難しい。まず、足場となる学問があって、そこから越境的に学際領域に踏み出していく手順を踏むべきだろう。アバンギャルドと言っても、スタンダードを知らなければ、意図的な前衛にはなれない。自分自身が前衛になるつもりはないが、逸脱するには、まず確実な帰属領域を踏み固めておくべきだと当時から考えていたし、それはいまも変わらない。

日本は、人口減で、縮小の時代に入っている。研究は拡大してきたが、今後は、資源(要するに研究費と研究人材)が縮小していくだろう。これまでの拡大路線では持続できないから、持続できる形態やしくみに変えていくための工夫や改革は、どの学術分野にも、あるいは、すべての業種や業態にも求められていると言っていい。

その一方で、多くの人が繊細になり、ヴァルネラブルな（傷つきやすい）時代になって、共感が求められる時代でもある。弱者やマイノリティに対する視点や配慮はもちろん重要だが、学術においては、同じような方向性の研究者ばかりが集まって、（やや意地の悪い言い方をすると）共感し合う空間に安住してばかりいると発展は望めない。適切な科学的検証や批判を受けてそれを乗り越えていくことで発展していくのが健全なのだと思う。だとすると、研究が先端的に領域を形成して高度化していくのはよいとしても、それがいつの間にか共感し合うだけの、仲間内だけの空間になっているのはまずいと感じる。心情的には、どこかに逃げ場があることが大事であることは理解できるが、他者に認められないと研究は価値を持たない。

高度な先端研究だけでそれぞれ個別の領域をなして、相互に連絡が途絶すると分断されたグループだけになってしまい、必要な相互検証や批判もできなくなる。そうならないためには、空中分解しない程度の結びつきを言語学が全体として持っている必要があり、言語学の枠組みをアップデートする際には、領域全体を結びつける紐帯があるのが望ましいと思うのである。

言語研究全体の紐帯を作り出すといったことは、筆者がいかに大風呂敷だとしても、個人ではできないことであるが、本書がその機運の小さなきっかけにでもなればうれしいと思う。大学院時代に指導を受けた、故湯川恭敏先生は、よく「言語現象は全般にわたるので、狭い専門領域に閉じこもらないように」とおっしゃった。言語学全体を深く学んでよく理解するといったことは、簡単なようで実は容易にできないことだが、以来、ずっと心がけてきたことではある。今回、本書を執筆しながら、まだまだ書きたいことがあって、さらに勉強したいことがいろいろ出てきたことに自分でも驚いている。その機会をくれた筑摩書房の伊藤笑子氏は、本書完成にさまざまな助言やアイディアを惜しまなかった。改めてお礼を申し上げたい。

2019年　厳冬の札幌にて

加藤重広

参考文献

【和書】

青木晴夫（1972）『滅びゆくことばを追って――インディアン文化への挽歌』三省堂（再刊：同時代ライブラリー331、岩波書店、1998年）

青木健（2009）『アーリア人（講談社選書メチエ438）』講談社

朝井リョウ（2012）『桐島、部活やめるってよ』集英社

朝日祥之（2008）『ニュータウン言葉の形成過程に関する社会言語学的研究（ひつじ研究叢書58）』ひつじ書房

長田俊樹（2002）『新インド学（角川叢書23）』角川書店

小野米一（1996）「移住と方言」 小林隆ほか編『方言の現在』明治書院

加藤重広（2007）『ことばの科学（学びのエクササイズ２）』ひつじ書房

加藤重広（2014）『日本人も悩む日本語――ことばの誤用はなぜ生まれるのか？』朝日新聞出版

加藤重広・滝浦真人（編）（2016）『語用論研究法ガイドブック』ひつじ書房

風間喜代三（1978）『言語学の誕生――比較言語学小史（岩波新書・黄69）』岩波書店

風間喜代三（1993）『印欧語の故郷を探る（岩波新書・新赤269）』岩波書店

金水敏（2003）『ヴァーチャル日本語 役割語の謎（もっと知りたい！日本語）』岩波書店

金水敏（編）（2011）『役割語研究の展開』くろしお出版

呉人恵（2003）『危機言語を救え！――ツンドラで滅びゆく言語と向き合う（ドルフィン・ブックス）』大修館書店

呉人恵（編）（2011）『日本の危機言語――言語・方言の多様性と独自性』北海道大学出版会

佐久間淳一・加藤重広・町田健（2004）『言語学入門――これから始める人のための入門書』研究社

定延利之（編）（2018）『「キャラ」概念の広がりと深まりに向けて』三省堂

鈴木孝夫（1985）『武器としてのことば――茶の間の国際情報学（新潮選書）』新潮社（再刊：『鈴木孝夫著作集4』岩波書店、2000年）

知里幸恵（編訳）（1923）『アイヌ神謡集（爐邊叢書）』郷土研究社（再刊：知里幸恵〔編訳〕『アイヌ神謡集（岩波文庫・赤80－１）』岩波書店、1978年）

津田幸男（2006）『英語支配とことばの平等——英語が世界標準語でいいのか？』慶應義塾大学出版会
津田幸男（2011）『日本語防衛論』小学館
中村桃子（2007）『「女ことば」はつくられる（未発選書13）』ひつじ書房
服部四郎著・上野善道補注（2018）『日本祖語の再建』岩波書店
堀達之助（1862）『英和對譯袖珍辭書』（複製再刊：秀山社1973年、惣郷正明解説）
松井智子（2016）「関連性理論・実験語用論」加藤・滝浦（編）『語用論研究法ガイドブック』pp.187–216
松本敏治（2017）『自閉症は津軽弁を話さない——自閉スペクトラム症のことばの謎を読み解く』福村出版
丸山圭三郎（1981）『ソシュールの思想』岩波書店（再刊：『丸山圭三郎著作集Ⅰ』岩波書店、2014年）
水村美苗（2008）『日本語が亡びるとき——英語の世紀の中で』筑摩書房（増補再刊：ちくま文庫、2015年）
宮崎あゆみ（2016）「日本の中学生のジェンダー——一人称を巡るメタ語用的解釈」『社会言語科学』19-1、pp.135–150
山田孝雄（1908）『日本文法論』宝文館（復刻再刊、宝文館出版、1970年）
松下大三郎（1924, 1925[2], 1928[3], 1930[4]）『改撰標準日本文法』中文館書店（先行版は紀元社刊）（1930年版の再刊改訂版、勉誠社、1990年）

【翻訳書】 ＊著者名の直後には原著刊行年を掲げている
イヴィッチ，ミルカ（1965）『言語学の流れ』早田輝洋・井上史雄訳、みすず書房、1974年（参看したのは、Milka Ivić, *Trends in linguistics*（*Janua linguarum, Series Minor 42*）, The Hague; Paris: Mouton）
エヴァンズ，ニコラス（2009）『危機言語——言語の消滅でわれわれは何を失うのか（地球研ライブラリー 24）』大西正幸、長田俊樹、森若葉訳、京都大学学術出版会、2013年（参看したのは、Nicholas Evans, *Dying Words: Endangered Languages and What They Have to Tell Us*（*The Language Library*）, Hoboken: Wiley-Blackwell）
オグデン＆リチャーズ（1923）『意味の意味』石橋幸太郎訳、新泉社、2001年（参看したのは、C.K. Ogden & I.A. Richards, *The meaning of meaning: a study of the influence of language upon thought and of the science of symbolism*, London: Routledge & Kegan Paul）
オランデール，モーリス（1989）『エデンの園の言語——アーリア人と

セム人：摂理のカップル』浜崎設夫訳、法政大学出版局、1995年（Maurice Olender, *Les langues du Paradis: Aryens et Sémites : un couple providentiel*, Paris: Gallimard/Seuil）
キイス，ダニエル（1981）『24人のビリー・ミリガン――ある多重人格者の記録』堀内静子訳、早川書房、1992年（参看したのは、Daniel Keyes, *Minds of Billy Milligan*, New York: Random House Value Publishing）
クリスタル，デイヴィッド（2000）『消滅する言語――人類の知的遺産をいかに守るか（中公新書）』斎藤兆史、三谷裕美訳、中央公論新社、2004年（参看したのは、David Crystal, *Language Death*, Cambridge: Cambridge University Press）
コセリウ，エウジェニオ（1973）『一般言語学入門』下宮忠雄訳、三修社、1979年（初版）、2003年（2版）（Eugenio Coseriu, *Lezioni di linguistica generale*, Torino: Bollati Boringhieri）
ショー，バーナード（1930）『ピグマリオン』小田島恒志訳、光文社、2013年（Bernard Shaw, *Pygmalion: a romance in five acts*（*The dramatic works of Bernard Shaw 25*）, London: Constable）
St. ジョン，ロバート（1972）『ヘブライ語の父　ベン・イェフダー』（改訂新版）、島野信宏訳、ミルトス、2000年（参看したのは、Robert St. John, *Tongue of the prophets: the life story of Eliezer Ben Yehuda*, Connecticut, Westport: Greenwood Press）
ダンテ，アリギエーリ（1307）「俗語論」『ダンテ全集第７巻』中山昌樹訳、新生堂、1925年（Dante Alighieri, *De Vulgari Eloquentia*, 参看したのは、Steven Botterill（訳編）, *De Vulgari Eloquentia*, Cambridge: Cambridge University Press, 1996）
チョムスキー，ノーム（1957）『文法の構造』勇康雄訳、研究社出版、1963年（参看したのは、Noam Chomsky, *Syntactic Structures*, The Hague: Mouton）
チョムスキー，ノーム（1965）『文法理論の諸相』安井稔訳、研究社出版、1970年（参看したのは、Noam Chomsky, *Aspects of the theory of syntax*, Cambridge, Mass.: The M.I.T. Press）
チョムスキー，ノーム（1968）『言語と精神』町田健訳、河出書房新社、2011年（参看したのは、Noam Chomsky, *Language and Mind*, New York : Harcourt, Brace & World）
チョムスキー&バーウィック（2017）『チョムスキー言語学講義――言語はいかにして進化したか（ちくま学芸文庫）』渡会圭子訳、筑摩書房、2017年（参看したのは、Noam Chomsky and Robert C. Berwick,

Why Only Us: Language and Evolution, Cambridge, Mass.: The M.I.T. Press)
デリダ，ジャック（1967）『根源の彼方に——グラマトロジーについて』足立和浩訳、現代思潮社、1972年（参看したのは、Jacques Derrida, *De la grammatologie*（*Collection "Critique"*）, Paris: Éditions de Minuit）
バイイ（1932）『一般言語学とフランス言語学』小林英夫訳、岩波書店、1970年（参看したのは、Charles Bally, *Linguistique générale et linguistique française*, Berne: Francke）
バンヴェニスト，エミール（1966）『一般言語学の諸問題』岸本通夫・河村正夫・木下光一、高塚洋太郎、花輪光、矢島猷三訳、1983年、みすず書房（参看したのは、Émile Benveniste, *Problèmes de linguistique générale*（*Bibliothèque des sciences humaines*）, Paris: Gallimard）
ヒトラー，アドルフ（1925/1926）『わが闘争（完訳・角川文庫）』平野一郎、将積茂訳、角川書店（参看したのは、Adolf Hitler, *Mein Kampf*, München : Zentralverlag der NSDAP）
ブルームフィールド，レナード（1933）『言語』三宅鴻、日野資純訳、1962年、大修館書店（参看したのは、Leonard Bloomfield, *Language*, New York: Holt
ヘルダー，ヨハン・ゴットフリート（1772）『言語起源論（講談社学術文庫）』宮谷尚実訳、2017年、講談社（参看したのは、Johann Gottfried von Herder,*Über den Ursprung der Sprache*（Deutsche Akademie der Wissenschaften zu Berlin）, 1959, Berlin: Akademie-Verlag）
ペリー，M・C、ホークス，F・L（1856）『ペリー提督日本遠征記（角川ソフィア文庫）』（上・下）宮崎壽子監訳、角川書店、2014年（参看したのは、*Narrative of the expedition of an American squadron to the China seas and Japan : performed in the years 1852, 1853, and 1854, under the command of Commodore M.C. Perry, United States Navy, by order of the Government of the United States*, Washington: Congress of the United States, 2 volumes）
ミューラー，マクス（1861）『言語學（帝國百科全書）』金澤庄三郎・後藤朝太郎共譯、博文館、上巻1906年、下巻1907年（参看したのは *Essays on the science of religion*, 1978, New York : AMS Press, Müller, F. Max, 1901, Collected works volume18, London のリプリント版）
ミュラー，フリードリヒ・マックス（1881）『比較宗教学の誕生——宗教・神話・仏教』山田仁史、久保田浩、日野慧運訳、国書刊行会、

2014年（参看したのは *The science of language : founded on lectures delivered at the Royal Institution in 1861 and 1863*, 1978, New York : AMS Press, Müller, F. Max, 1891, Mew York:Scribner のリプリント版）
ランスロー，C.、アルノー，A.（1676）『ポール・ロワイヤル文法——一般・理性文法』南館英孝訳、1972年、大修館書店（参看したのは、Claude Lancelot et Antoine Arnauld, *Grammaire générale et raisonnée, contenant les fondements de l'art de parler, édition critique présentée par Herbert E. Brekle*, Stuttgart-Bad Cannstatt: Frommann）
ルソー，ジャン＝ジャック『言語起源論——旋律と音楽的模倣について（岩波文庫・青623-7）』増田真訳、2016年、岩波書店（参看したのは、J.-J. Rousseau, *Discours sur l'origine de l'inégalité : essai sur l'origine des langues*（*Nouveaux classiques Larousse*）, 1967, Paris: Librairie Larousse）
ロドリゲス・ジョアン『日本大文典』土井忠生訳註、三省堂、1955年
フンボルト，ヴィルヘルム・フォン（1835）『言語と精神——カヴィ語研究序説』亀山健吉訳、法政大学出版局、1984年（参看したのは、*Wilhelm von Humboldts Gesammelte Schriften/herausgegeben von der Königlich Preussischen Akademie der Wissenschaften*, Bd.7, 1968, Berlin : Gruyter）
ソシュール，フェルディナン・ドゥ（1916）『一般言語学講義』小林英夫訳、岩波書店、1972年／町田健訳、研究社、2016年（参看したのは、Ferdinand de Saussure, 1949, *Cours de linguistique générale*（*publié par Charles Bally et Albert Sechehaye; avec la collaboration de Albert Riedlinger*）, Paris: Payot）

【欧文】

Mampe, Birgit, Angela D. Friederici, Anne Christophe, Kathleen Wermke（2009）'Newborns' Cry Melody is Shaped by Their Native Language', *Current Biology 19(23)*, pp.1994-97
Schlegel, August Wilhelm von（1818）*Observations sur la langue et la littérature provençales, Hrsg. mit einem Vorwort von Gunter Narr: "August Wilhelm Schlegel, ein Wegbereiter der romanischen Philologie."* 1971, Tübingen: Tübinger Beiträge zur Linguistik
Schlegel, Friedrich（1808）*Über die Sprache und Weisheit der Indier : ein Beitrag zur Begründung der Altertumskunde*（Amsterdam

studies in the theory and history of linguistic science/general editor, E.F. Konrad Koerner ; Series 1 . Amsterdam classics in linguistics, 1800-1925; V.1） 1977， Amsterdam : J. Benjamins

ちくま新書
1396

言語《げんご》学講義《がくこうぎ》
――その起源《きげん》と未来《みらい》

二〇一九年三月一〇日　第一刷発行

著　者　加藤重広（かとう・しげひろ）

発 行 者　喜入冬子

発 行 所　株式会社 筑摩書房
東京都台東区蔵前二-五-三　郵便番号一一一-八七五五
電話番号〇三-五六八七-二六〇一（代表）

装 幀 者　間村俊一

印刷・製本　三松堂印刷 株式会社

ISBN978-4-480-07209-2 C0280

ちくま新書

1249 日本語全史 沖森卓也
古代から現代まで、日本語の移り変わりをたどり全史を解き明かすはじめての新書。時代ごとの文字・音韻・語彙・文法の変遷から、日本語の起源の姿が見えてくる。

1380 使える！「国語」の考え方 橋本陽介
読む書く力は必要だけど、授業で身につくの？ 小説と評論、どっちも学ばなきゃいけないの？ 国語にまつわる疑問を解きあかし、そのイメージを一新させる。

1363 愛読の方法 前田英樹
本をたくさん読んでもかえってバカになる人間が後を絶たない――。書かれたものへの軽信を免れ、いかに生きるべきかという問いへとつながる「愛読」の秘訣を説く。

1200 「超」入門！ 論理トレーニング 横山雅彦
「伝えたいことを相手にうまく伝えられない」のはなぜか？ 日本語をロジカルに運用し、論理思考をコミュニケーションとして使いこなすためのコツを伝授！

1246 時間の言語学――メタファーから読みとく 瀬戸賢一
私たちが「時間」をどのように認識するかを、〈時は金なり〉〈時は流れる〉等のメタファー（隠喩）を分析して明らかにする。かつてない、ことばからみた時間論。

1221 日本文法体系 藤井貞和
日本語を真に理解するには、現在の学校文法を書き換えなければならない。豊富な古文の実例をとりあげつつ、日本語の隠れた構造へと迫る、全く新しい理論の登場。

1354 国語教育の危機――大学入学共通テストと新学習指導要領 紅野謙介
二〇二一年より導入される大学入学共通テスト。高校国語教科書の編集に携わってきた著者が、そのプレテスト問題を分析し、看過できない内容にメスを入れる。